国际贸易经典译丛·简明系列

国际商业计划书

（第三版）

罗伯特·L·布朗（Robert L. Brown）
艾伦·S·格特曼（Alan S. Gutterman）／著
王琼 等／译

A Short Course in
International Business Plans

（3rd Edition）

中国人民大学出版社
·北京·

目 录

国际商业计划书（第三版）

导　言

本书是针对国际商业计划的调研、形成、撰写成文的一本实战指导手册。我们重点介绍计划的目的、相关事宜、所包含的内容以及采取的格式等。

我们在这里有两个基本的假设。第一个是，你已经决定进军国际市场，不管是以一个新成立的企业的身份还是以扩张国内业务的方式。第二个是，你已经选定了——至少是初步选定——机遇最适当的一个或者几个国际市场。如果你还没有选定目标市场，那么我们推荐你首先学习一下同样也是由世界贸易出版社（World Trade Press）出版的《国际营销》（International Marketing）一书。*

□ 商业计划书 VS. 国际商业计划书

国内以及国际商业计划书具有相似的结构以及讨论话题，比如对于企业的描述、计划的主要执行者以及扩张计划等。但是，国际商业计划书阐述这些问题的方式是不同的。不管是在什么情况下，针对跨国寻找原材料、加工制造、营销和（或）销售活动的商业计划书都需要做一些特殊的调研，需要特殊的专业技能以及着重点。

---

* 该书中文版已由中国人民大学出版社翻译出版。

于是，绝对不能忽视撰写国内商业计划书的功底。很多时候，国内商业计划书是起点、基础。在本书中，我们着重讲述国内商业计划书和国际商业计划书的主要区别，告诉读者国际商业计划书应该重点强调哪些方面。在这个过程中，你的视野和撰写国际商业计划书的能力都将得到提高。

□ 文化冲击

本书两位作者都已经在国际商业舞台上闯荡多年，他们一直谦虚而又饶有兴趣地希望能够理解世界各国独特的文化。我们已经认识到不同文化的作用方式是不同的。我们也从不避讳这样一个事实，那就是我们是在美国长大的，我们的视角都是北美式的。但是，我们想尽了各种办法，希望本书能够适用于来自任何国家、希望将自己的生意扩展到世界各个角落的商人们。我们相信，不管你来自哪里，去往何处，与商业计划书有关的基本问题都是一致的。

□ 商业计划书样本

本书给出了一些商业计划书样本，它们覆盖了一系列的产业以及商业个案。虽然这些计划书都是针对某个特定的商业环节的，但是它们结合在一起也同样可以为我们呈现一个现代国际商业计划书应该包含的内容。从这个角度来看，这些计划书并不是一些"有很多空格要填"的表格。相反，这些空格已经被填好了，有了它们，读者对于商业计划书完成之后应该是什么样子便可以有一个完整的印象。

□ 撰写你自己的商业计划书

虽然说如果可以不必花费时间和精力构思并且撰写商业计划书是一件很诱人的事情，但是我们的实战经验却告诉我们，适当地做一些规划远远好于不做任何准备工作就投身于一个新的市场。做事缺乏计划性通常都会招致失败。按照指导准则制订计划，我们希望你能够取得成功！

第1章　为什么要撰写国际商业计划书

术无谋则必败。

——孙武

本书主要讲述如何准备国际商业计划书——这是希望在海外市场寻找新的消费者、原材料、生产伙伴、资本或者劳动力的公司需要有的一份正式的书面计划。市场上有无数的商机在等着你，但是同时也有无数的陷阱。花一些时间准备一份完善的商业计划书可以帮助你预测将面临哪些难题，应该如何调整你的做事方式，并且最终在国际商业舞台上攀登新的成功高峰。一个明智的企业家在制定战略时一定会考虑到跨国经营的问题。

关于国际商业计划书的问与答

- 问：为什么要撰写商业计划书？
- 答：在对你要做什么、通过怎样的方式去实现你的目标有一个清晰的思路和计划之前，不要轻举妄动。没有商业计划书就好比你在一个陌生的地方开车，但是却没有带地图一样。
- 问：如果我已经有了国内商业计划书，为什么还要多此一举制定一个国际商业计划书呢？

- 答：当企业在国际市场上寻找商机时，其对商业计划书的需求会更加迫切。国际商业计划书中包含的组成模块与国内商业计划书非常相似，但是在国际市场上，企业会面临很多新的、不同的问题以及风险。
- 问：国际商业计划书可以为我提供哪些帮助？
- 答：对于所有商业活动来说，商业计划书都可以帮助你找到或者说确定一种有效的商业模式，这种模式既有利于内部管理，又可以帮助说服外部力量——比如，投资者、银行家或者潜在的合作伙伴——让他们认识到这笔生意的现实以及潜在价值。如果表述得当的话，通过商业计划书就可以了解企业的目标是什么、有什么值得推崇的优点、有哪些潜在的问题，并且可以据此形成企业的经营理念、组织架构以及决策流程。对于国际商务活动来说，商业计划书还应该包括企业要想利用国际市场为自己谋利并且在国际舞台上生存下来所需要注意的跨国以及跨文化交易的特点。

企业的国际面

你的企业是否"足够"国际化，从而可以保证国际商务计划的实施呢？国际化企业的规模大小不一。你或许会认为，国际化企业都必须是大型跨国公司，在世界各个主要大都市都设有分支机构。对照下面给出的几种场景，看看是否有和你们公司类似的地方：

- 香港一家专门提供当地美食的食品加工企业决定将自己的产品出口到加利福尼亚，开发当地的华人市场以及满足人们对中国美食的普遍偏爱。
- 西班牙某知名玩具生产商和其他西班牙语国家的玩具经销商签订了在这些国家宣传和销售他们的产品的协定。这家玩具生产商可以利用自己与这些新开发的西班牙语市场上的消费群具有相同的人口统计学特征以及自己在营销手段（比如电视广告）等方面的优势。
- 日本一家动画片制作公司将节目内容翻译成英语，以打开英语国家的市场。或者是反过来，英语国家的动画片制作公司将节目内容翻译成日语，以进军日本市场。
- 尼日利亚一家手表制造厂使用从瑞士进口的零部件。

上面提到的每一家企业都与全球经济有着紧密的联系，并且能够从进军国际商务市场中获益。无论是国际巨头还是不知名的小公司，要想在国际市场上取得成功，制订一份国际商业计划书——或简单，或复杂——对于他们来说都是非常重要的一步。

在国际市场上占据优势

在作出"进军国际市场"的决定之后，企业接下来需要考虑的问题就是，如何将国际商业舞台所提供的优势转变为现实。企业可能会试图降低成本和风险，拓展新的市场，获取更可靠、成本更低廉的原材料，提高生产和技术能力，或者是扩大可供利用的劳动力储备。

打造一家国际化的公司就好像是建造一所房子。首先要有构想，然后则是根据构想制订相应计划。计划就好比是将你的构想转变成一个地基坚实、墙壁牢固、能够遮风挡雨的房屋的过程中需要遵循的指导原则。与此类似，一份国际商业计划书就是一家国际化企业的蓝图。它是企业借以识别进行跨国经营的良机、为实现自己在国际商业市场中的优势制订短期和长期目标的重要手段。

□ 降低经营成本

企业进军海外市场的主要原因就是为了利用当地潜在的商机，以及降低经营和生产成本。但是，如果计划不周全，为了利用这样的机会而付出的代价很可能会超出从中所能够获取的收益。

进入海外市场究竟可以给企业带来什么样的好处？或许你会认为，通过利用当地巨大的廉价劳动力资源，可以大大降低人工成本。又或许，目标国家允许外资购买土地并且建造工厂。如果这样，获取这些资源的成本可能要低于在你自己的国家这样做的成本，从而降低企业的资金成本。有些国家甚至采取积极措施引进外资，例如对外资企业免征地方税和关税，或者减征办理执照、许可证或者其他证件的成本。

但是背井离乡在他国做生意，又会带来哪些额外的成本呢？你是将整个企业都搬到目标国家，还是同时在两地经营呢？如何协调和划分它们之间的职责？培训费、差旅费、搬迁费、进出口、公司注册、营业执照和商标的沿用保护、专利以及其他知识产权问题又该如何处理？对于如何弥补这些额外的成本负担，你是否有切实可行的计划或者想法？

□ 通过市场多样化来降低风险

某公司的国际商业发展规划可能试图进行国际化经营，从而为企业寻找更多的市场机会，以便降低需求萎缩带来的风险。通过进入新的海外市场，企业可以增加销量，扩大客户群，消除其国内市场可能会出现的购买量周期性波动问题。比如，一家销售夏季用品——比如，泳衣——的企业可以在全球范围内追随进入夏季的国家，从而为自己的产品带来一个稳定的、常年的市场需求。

事先制订计划可以帮助避免需求跌至企业生死线以下——不管这是由市场饱和、产品过时，还是其他什么原因引起的——而导致的灾难。海外市场为企业提供了销售那些在技术发达国家已经过时的、老式的但是相对成熟的产品的机会。在全球建立经营网可以让企业将自己的产品或者服务迅速地转移到需求旺盛的地区。

□ 通过供应渠道的多样化来降低风险

购买原材料进行生产的企业可以从指出了依赖某一家原料供应商所存在的风险的商业计划书中获益匪浅。该企业所在国稀缺甚至完全没有的原料在国外市场上可能供应充足、价格低廉。在这里，我们假设有一家销售石器制品的企业。它可以从世界不同国家和地区采购各种石材，以保证原料供给的稳定可靠，不会受某一家供应商因为气候、劳资纠纷、政治动荡或者民间骚乱等无法控制的因素的影响而导致原料供给出现问题。

如果你事先作了周全的计划，那么你的业务就不会因为市场上原材料供不应求或者价格高不可攀而受到影响。相反，你还可以清楚地知道在其他国家的什么地方可以找到稳定的货源。风险控制策略可能是从海外某个国家向位于其他国家的产品加工厂运送原料，也可能是在容易获取原料的海外市场找到生产设备进行生产。为了确保可以获取那些除了进口外没有办法在日本找到的产品，日本的汽车制造商们长期以来一直采取在他国建厂进行生产的做法。当当地市场对日本汽车有着很大的需求时，就更是如此了。

□ 融合全球智慧

无论企业的规模大小、经营范围如何，教育以及背景扫描都是它们一个重要的战略工具。对于一家有投资实力的企业来说，跨国经营是它们改善经营、提高产品研发能力的一种行之有效的学习手段。要想学习其他企业是如何处理那些影响当地市场需求的技术、社会、文化和政治因素的，在海外市场开拓业务不失为一个良策。此外，跨国经营的企业还可以直接接触那些已经成为新产品研发、加工制造以及供应链管理等领域的国际公认的楷模企业，将这些信息融会贯通，应用于你的企业的经营管理，将有助于加强你的公司的市场地位，同时也会使得全球智慧成为你的公司商业计划中的一个重要组成部分。

□ 在全球范围内甄选人才

那些积极参与海外市场活动的企业通常能够利用这些市场上宝贵的人力资源。许多国家，比如印度，有很多受过良好教育的科学家和工程师，他们可以为位于人力成本很高的国家和地区——比如美国和西欧——的企业提供高质量的服务，同时节省巨额的成本。通过在海外设立分支机构或者建立战略合作关系，比如建立合资企业，企业可以吸引那些对国际化经营非常感兴趣而且又经验丰富的当地管理人员。通过这样的方式，可以建立一个人才库，这些人既有国际化的思维方式，又能切实支持企业对新市场和新资源的开发利用。如果你的企业可以从在全球范围内甄选人才为你所用中受益，那么你的商业计划书中就应该对招聘和任用这类人才做出相应规定，反过来说，这可能会大大降低你方的产品研发成本。

适应国际商务环境

你的国际商业计划书是实现全球化经营带来的潜在优势的一个有用工具。但是，在帮助企业进行自我调整以适应其可能会遭遇的国际舞台和国内市场的差异方面，国际商业计划书的重要性也是不容小觑的。世界提供了很多商机，但是与这些商机相伴随的还有巨大的挑战。

其中最大的挑战来自于应对那些各具特色，甚至是有着天壤之别的商业环境。例如，一家希望在海外建厂的企业可能会遭遇政府管制，或者在核心技术的有效转移方面碰到难题，或者当地工人受教育水平很低、没有接受过什么培训，或者存在金融管制，或者缺乏能够满足严格质量标准的投入和其他供给。如果你的企业希望进入某个市场并且在那里取得成功，那么你必须有一个应该如何应对新环境的方案。

教训 ✍

在下面给出的例子中，各个因素几乎让一家企业试图在海外建厂的努力全部付诸东流。因为政府对外资有一定的限制措施，因此该企业必须与当地一家企业共同成立一家合资企业。问题马上就出现了。该公司首先发现当地企业的员工不具备相关的知识背景，不足以理解授权准许合资企业使用的技术。紧接着，对当地员工进行培训的计划也遭到了抵制。当这些员工被分配到合资企业工作时，他们觉得自己被母公司抛弃了，因此不愿意接受针对新技术的培训。

当这家企业意识到当地的工业基础设施远远无法满足要求时，又碰到了另外一个重要难题。作为合资企业设立的一个条件，政府要求合资企业从本土企业那里采购材料物资；但是当地所供应的产品根本达不到出口目的国（即这家企业的母国）对于产成品的质量要求。有些原料在该国甚至根本就买不到，只能依靠进口。令事情雪上加霜的是，因为缺乏进口融资工具，同时必须满足当地官僚机构的一些要求，进口原料到该国的过程非常缓慢。因此生产周期被大大延长，成本也相应地增加了不少。

当在几个因素的共同作用下，市场对于该公司所生产的产品的需求出现显著下降时，它无疑又面临了一次沉重的打击。最初在政府激励措施的作用下，当地市场对于生产出的产品需求比较旺盛，但是政府战略突然出现转变，侧重点开始向农产品倾斜。这样的情况在发展中国家并不少见，而且会给企业的业务造成极大的破坏。此外，日趋严重的通货膨胀压力导致政府采取信贷管制政策，致使潜在客户（其中包括几家国有企业）的资金来源萎缩。最后，从其他国家进口而来的廉价商品的涌入导致该企业在新的市场上获得的成本优势被进一步降低。

☐ 考虑宏观经济的影响

进军海外市场的一个主要风险就是，越来越受到他国宏观经济形势的影响。所有国际商业计划书的一个重要特点就是，包含相应的政策与程序，将目标国宏观经济问题可能带来的后果考虑在内。例如，一国出现通货膨胀可能会导致该国的货币政策出现巨大转变，该国货币可能会贬值。其他宏观经济条件的变化则可能会对一国银行或者企业能够从外界——比如世界银行、国际货币基金组织或者只有该国满足一定条件的前提下才会放款的其他多边机构——获取的资金产生不利影响。在这样的情况下，对于企业来说，没有应急方案或者长期目标而盲目进行大规模投资显然是不理智的。

☐ 预估政治改革

一国政治环境的变化可能会导致政府对于和商业与投资活动有关的重要问题的态度发生转变，这些问题包括对私有财产的保护、劳资关系以及劳工的诉求等。政府态度的转变可能意味着引入一些新的法律法规，从而导致利用当地资源的成本上涨，商业生产被延误。通过制订国际商业计划书，企业可以预估这种政治变革发生的可能性并制订相应的对策。

□ 适应社会经济条件

社会经济条件决定着一国的市场以及独特的文化准则。外国企业必须时刻不忘考虑当地市场会如何看待它们的产品以及营销活动，它们的商业计划必须赋予自己的产品或者服务一定的适应性从而可以为全世界的消费者所接受。例如，为计生产品或者婴幼儿辅食做营销的企业必须考虑一下这些产品是否会和当地社会的价值观发生冲突，当地人是否能够买得起，或者说会不会因为当地人受教育水平低而误导他们。各个国家在社会层级以及语言方面存在的差异可能要求企业在产品的广告和包装以及人事管理、人力资源政策等方面作出调整。

对于某些企业来说，为了更好地了解目标市场消费者的需求以及风俗习惯，在海外设立独立的分支机构或者和当地企业合作建立合资企业不失为一个不错的战略。在当地选择一家已经有一定的客户群基础或者分销渠道的企业进行合作，对于企业来说也是一种优势。但是这些战略要想取得成功，企业必须小心谨慎地筹划一下应该怎样进入当地市场。它需要挑选出那些了解当地市场的经理人员，并且按照至少和母公司国内市场同样的标准和要求，针对公司产品的规格、性能、质量标准和客服等方面对这些经理人进行培训。

将构想变成现实

大多数希望创办自己的企业的人都是从一个点子——构想——以及坚信这个点子可以变成现实开始的。至于"如何"实现这个点子可能是一个稍微有点模糊的问题，但是实现这个点子的决心却无比坚定。构想现在必须转变成现实。这时候，就需要制订一个商业计划书。

□ 确定具体思路

商业计划书是将构想转变成具体思路的手段。它可以帮助企业家明确应该如何实现他的构想。它促使企业确定新产品或者新服务的规格，如何进行营销，企业应该如何进行管理，资金从何而来，钱应该花在什么地方，聘请什么样的员工以帮助企业走向成功。

如果从来都没有写过商业计划书，你可能会认为这样做纯粹是浪费时间。

在对一份商业计划书做了三次、四次甚至是十次修改之后，你可能会感到非常沮丧。但是，当你完成这项工作后，你会因为自己圆满完成任务而感到欣喜。另外，在这个过程中你还很有可能学到很多东西。如果你对自己的努力不满意，那么你的商业计划书很可能还没有最终完成。

忠告 👈

商业计划书可能看上去令人非常不快。本书作者之一曾经和某企业进行了几个月的合作，撰写一份商业计划书。最后，那个企业的老板意识到，自己的产品确实很好，但是他不能以一个合理的价格将其推向市场。于是他转向另一个商业项目。虽然说这个企业的老板对于自己的发现感到很失望，但是庆幸的是他在初期就发现了这一点，而不是在一个注定要失败的项目上投入了大量的时间和金钱——不管是他的还是别人的。

□ 为发展打好基础

一份好的商业计划书在起草工作结束之后仍将继续发挥作用。制订商业计划书的主要目的是明确企业在成长和发展过程中应该遵循的指导思想。企业所有的重大活动都必须围绕该计划来展开。否则，企业就会偏离正常轨道，距离失败也就不远了。

□ 衡量业绩

一份好的商业计划书还可以充当企业的备忘录，经理们可以利用它对实际发生的情况和制订计划时预期的结果做一个对照。预料之外的事件毫无疑问会对企业的业绩产生影响，有的使企业获利，有的则会给企业带来负面效应。但是，如果企业的实际表现与最初的预期发生了严重偏离，那么管理层就必须重新评估自己的目标和方法，以确定是否遗漏了或者错估了某些因素的作用。

■ 说服他人

由于各种各样的原因，商业计划书可能需要提供给除公司以外的第三方，其中包括：

- 从潜在投资者或者银行家那里融资，他们会仔细考量你的商业计划书，以确定你将通过怎样的方式来赚钱，从而归还从他们那里借来的本金，同时支付利息或者红利。

- 在创业阶段，通过商业计划书让主要管理人员以及员工认识到企业的价值，并且让他们相信他们的努力不会白费，是值得的。

- 在特许经营的情况下，用作存档，或者作为向特许经营加盟者提供的文件中最基本的公开文件。

- 向国内外有可能进行合作的商业伙伴明确业务性质和范围。这些潜在伙伴会审查该计划，以确定是否有必要成立合资企业、进行长期生产或者作出营销安排。

因此，一定要记住外部合作伙伴希望在你方的商业计划书中看到什么东西。毕竟，他们将商业计划书看作是了解你们公司优势和劣势的一个窗口。一份好的商业计划书必须能够详细地给出第三方——他们可能会对你方的业务进行评估——最普遍关心的问题，其中包括：

- 提供的产品；
- 管理才能；
- 市场需求；
- 实际和潜在的竞争对手造成的威胁；
- 创新、营销和融资环节的战略方案；
- 企业所处的整体商业环境，以及在这样的环境中生存下去的对策。

商业计划书：传说与现实

传统观念对于商业计划书的看法是非常片面的。撰写商业计划书的目的不是为了筹集资金，而是为了充实你的构想，找出其中需要进一步完善的地方。当然，那些有可能会为你提供资金的一方（投资者、银行家、风险资本家）会仔细审核你的商业计划书，但是关键的问题是：在那些具有必要的动力和技能的人员的支持下，你所提出的概念是否抓住了某个机会？下面给出的是保证商业计划书成功的十大因素。

1. 通过撰写商业计划书，你应该掌握捕捉机会的方法。梦想——构想——必须植根于现实。

2. 通过商业计划书明确你的目标，不仅要看到积极的一面，还要看到消极的一面，这是编写商业计划书时最有价值的部分。通过撰写商业计划书，你对自己的目标会更加明确，对于你的理念的优势和劣势会更加清楚。

3. 强调计划的实施。计划书中必须说明如何实现关键目标。为了最终的成功，计划书中必须详细指出事情将"如何"得以完成。这种阐释非常重要。

4. 将计划书中的各项目标精炼成一页纸的行动概要，从而使你的计划切实可行："为工作制订计划，围绕计划展开工作"。如何让完成的商业计划书继续为你服务是一个关键的问题。

5. 计划书中应该规定你需要雇用哪些专业人员——例如会计师、律师、营销大师等——并将他们作为管理团队的一部分。如果你的公司只是一家刚刚起步的小公司，那么可以和他们签约适时提供服务；如果你的公司已经初具规模，则应该考虑将这些专业人才吸纳进来，创建一个在工作上能力互补的管理团队。

6. 安排定期与管理层召开会议，专门讨论计划问题，而不涉及任何具体事宜。为每一个核心业务部门都制订出其所要实现的主要目标。对未来三个月制订纲要性战略报告书。然后则是回过头来，补充财务数据。无论企业规模大小，哪怕是仍处于书面构想阶段，积极地对你的商业计划书进行讨论是进行切实可行的财务预测的一个有效手段。

7. 努力让自己全面关注各个板块，而不仅仅是财务或者销售状况。抓住每一次机会，不断完善各个板块，直到攻克所有不足。

8. 对所有偶然事件，不管是积极的还是消极的，都要有所考虑。对意外事故做好准备。如果有新的竞争对手进入市场，应该怎么办？制订应急方案，以便出现危机时你可以抢占先机，按照计划采取行动而不是被动地作出反应。

9. 逐月审查你的计划，以维持对进度的控制。计划书应该是一个工作草案，而不应该被束之高阁。创造力、活力以及动力是企业经营进入成功轨道的保证。

10. 每半年更新一次计划——这样一来，你的计划就可以"自动"延长一年。这样做将有助于指导你的决策，并且记录下你这样做的原因。这样做还可以让你致力于你的任务与目标。这是你通往成功的保证书。

布鲁斯·凯梅格 博士
（美国肯塔基州）路易斯维尔大学商业与公共管理学院

第2章　商业计划书的基本要素与可变要素

一个不容修改的商业计划书是很糟糕的。

——帕布利厄斯·赛勒斯

撰写国际商业计划书是一项非常有挑战性的工作，这主要是因为一份计划书通常要实现多种功能。虽然说几乎所有的商业计划书都会包含一些基本要素，但是其具体内容还要取决于你计划开展什么业务、打算如何利用这份计划书、打算邀请谁来审查和评估你的计划书等。实际上，人们惯常的做法是准备一份计划书，然后根据特定的目的对其内容进行微调。撰写商业计划书主要基于下面两个原因：第一，明确你的构想；第二，向潜在投资者、银行家或者合作伙伴兜售你的企业。在撰写国际商业计划书时，脑海中应该牢记这两个目标，同时将实现目标需要解决的问题囊括进来。

一份实用的商业计划书包含的内容及特点

尽管对于国际商业计划书中应该包含哪些内容并没有一个正式的统一规定，但是你可以遵循一些已经成功的企业确立的指导原则，从而确保你的计划书收集到了重要的信息，并且考虑到了所有相关问题。虽然说商业计划书的组织方式多种多样，没有硬性的规定，但是仍然有些指导原则可以遵循。

☐ 商业计划书应该包含的要素

建议按照下面的结构启动商业计划书的撰写工作：

- 导论或者摘要；
- 业务介绍；
- 产品或服务；
- 营销；
- 管理；
- 财务；
- 补充材料。

上面提到的所有要素从第 6 章开始都将逐一作详细说明。

☐ 重点与结构

撰写商业计划书的目的就是要突出其内容中的重点和结构。比如，如果商业计划书要提交给可能对你们公司不太熟悉的投资者，那么关于企业业务范围的一个简单的背景介绍就是必不可少的了。类似地，如果将一份旨在扩大企业当前经营规模的计划书提交给投资者，那么通常不要将重点放在对未来盈利状况的预测上，而是应该更多地强调前一年的财务状况。另一方面，如果商业计划书是只供内部使用的，那么其中就没有必要对企业的发展历史作长篇大论式的介绍或者论述。

另外，还应该记住，面对不同的"读者"，计划书的结构也应该是不同的：

- 提交给投资者时，计划书中应该随附一份公开的文件，其中包括与企业计划募集资金的条款有关的信息。

- 用于融资目的时，商业计划书中应该特别注意与提交对象所在国有关的国家安全、银行法律法规等方面的问题。

- 供内部使用的商业计划书无需包括太多对企业或者行业的背景信息的介绍。

- 和提供给投资者的商业计划书比起来，内部使用的计划书所作的预测可能会更详细一点。这类计划书必须具体到一旦预期目标无法实现，应该如何处理。详细的评估和预测是上至管理层下至普通员工制订计划并且衡量其执行情况的重要手段。

你所撰写的商业计划书的篇幅和细节肯定会因为企业性质、你打算采取的实现计划的方式的不同而有着显著的差异。例如，如果市场已经成熟，管理人员在该行业有着良好的从业记录，经验丰富，那么商业计划书就可以简短一些，不必有太多的分析和解释。另一方面，对于一个刚刚创建，或者身处技术与人口特征瞬息万变的市场上的企业来说，其商业计划书可能就要长得多，也详细得多。如果你的公司初步尝试进军国际市场，你的商业计划书也可以很短，而且应该将重点放在如何利用现有的管理资源和商业联系，通过高效、快捷的方式寻找商机上。

国际因素

为了把握住第 1 章中提到的优势和机遇，你的企业需要制订一个将重点放在国际问题上的商业计划。没错，不管企业是在一国范围内经营，还是跨国经营，其商业计划书的基本构成要素都没有本质的差别。但是，也有很多重要的因素是在国内经营时无需考虑，而一旦走向国际舞台却不容忽视的。从这个角度来说，国际商业计划书与国内商业计划书是有区别的。下面给出的是二者之间的一些主要区别：

■ 国内：国内商业计划书必须承认有必要根据一国人口统计学的特征，对其市场进行分割。

■ 国际：国际商业计划书必须考虑到各个目标国家具有独特的文化、语言以及其他方面的特征。

■ 国内：国内商业计划书只需考虑遵守企业所在国有关企业经营的法律法规的要求。

■ 国际：对于所进军的每一个海外市场，国际商业计划书都必须考虑到不同的监管要求以及操作规则。此外，它还必须针对每一个新的目标市场制定进入战略。

■ 国内：国内商业计划书必须重视企业所在国当地可能会对其产品供给和需求产生影响的文化、政治、气候、地理位置等因素。

■ 国际：国际商业计划书同样也必须考虑目标市场当地的文化、政治、气候、地理位置以及其他会影响其产品的供给和需求的因素。这自然要比在一国范围内的不同市场上进行经营要复杂得多。此外，获取目标国市场的有关信息并且进行分析要困难得多。因此，和在国内市场上的经营比较起来，进军海外市场时也要考虑更多问题。

■ 国内：国内商业计划书通常是以产品和销售为导向的。也就是说，它将关注点放在将生产出什么样的产品，如何将它们在国内市场上销售出去。

■ 国际：国际商业计划书从本质上说要更加复杂，因为它寻求利用不同市场创造的不同商机带来的优势。因此，它需要考虑到在不同国家完成包括产品研发、原材料采购、加工制造、营销和销售等在内的诸多事宜。而且事态似乎总是处在变化之中：在一个国家完成产品的研发，在第二个国家采购原材料，在第三个国家制造产品，依靠第四个国家完成产品的运输，然后在第五个国家销售和配送产品。或者还有最终产品被销往最初的研发国的情况。

商业计划书应该与业务性质相匹配

所有希望进行国际化经营并制订了具体目标的企业，不管其规模大小、业务范围如何，都需要为自己制订一个某种形式的行动计划，但是计划的重点放在哪里则要根据特定业务或者产业的情况来决定。

□ 成熟的国内企业

对于一家成熟的国内企业来说，其产品已经得到消费者的普遍认可，也建立起了通畅的本土分销渠道，因此在改变自己的商业计划之前，必须明确进行国际化经营的原因所在。商业计划书中有关国际化经营的部分取决于企业希望把握什么样的机会。如果进军海外市场是因为国内市场已经饱和，那么计划书的重点应该放在寻找并且开拓那些只要企业现有产品作出微调，就有很大可能性会被当地消费者接受的市场。如果企业希望降低原材料以及制造成本，那么商业计划书则应该将销售重点放在本国市场的同时，探求可以带来成本节约的最佳途径。

□ 生产型企业

对于以批发或者零售的方式销售日用品、计算机硬件以及机械设备的企业来说，海外市场既是其产品新的销售场所，同时也可以作为劳动力以及原材料的新的来源地。要想最终取得成功，其商业计划书必须考虑到生产型企业独有的一些特点。如果需要在新市场上销售产品，那么商业计划书中就必须说明需要对产品做哪些相应的调整，从而符合目标市场的消费者法案和安全法规的要求，迎合当地的文化偏好，适应当地的交通状况的限制，以及满足成功进入当地市场必须满足的其他条件。如果其产品是使用外国劳动力和原材料制成的，那么商业计划书中还应考虑到质量控制、遵守当地劳动法规、产成本（或者原料）的跨国运输、品牌认知以及知识产权保护等问题。科技研发能力突出的企业制订的商业计划，则可能会指导企业根据其对海外市场需求情况和商机的判断，针对该市场研制一款全新的产品。为成功进军海外市场，企业必须根据自身的品牌认知度以及在当地的分销能力，制订恰当的营销方案。

☐ 服务型企业

服务业是国际贸易领域增长速度最快的产业之一。便利店以及连锁快餐店——比如麦当劳——在世界各地的蓬勃发展有目共睹。另外，随着信息技术产业标准化水平的不断提高，企业可以为全球各地的客户们提供大量的技术咨询服务。会计师事务所、咨询公司以及律师事务所也纷纷开始拓展国际业务，它们往往依靠本土专家为国内客户提供服务，同时利用分支网络为其他市场提供"实时"服务。

服务型企业在海外市场上开展业务时面临着很多独特的挑战，这些挑战无不要求企业具有前瞻性，而且应该将这种前瞻性体现在其商业计划书中。首先也是最重要的，企业需要确定新的目标市场对其服务的潜在需求水平。其次，企业需要确定当地的环境是否有利于其核心业务的发展。例如，一国可能会因为其技术性基础设施不够完善，不需要或者无法利用该公司的服务。最后，因为服务业更多的是凭借其员工的素质，而不是产品的质量，因此企业必须确认它可以利用当地的劳动力有效地为其客户服务。

☐ 电子商务企业

只要计划得当，几乎所有企业都可以化身为"电子商务企业"。互联网产业迅猛发展带来的机遇之一就是，任何企业都可以在线向国外客户销售产品，而无需在当地设立销售机构并维持其运转，也无需与当地经销商签订合作协议。但是，这一战略要想成功，企业必须制订一套方案来估算海外市场的需求以及通过在线方式赢得客户和消费者的可能性——这与传统的营销活动大不相同。此外，还必须考虑到结算、运输以及进出口等问题。在大多数情况下，电子商务还只被看作是除传统贸易方式之外的另一种选择，而不是对后者的替代。另外，电子商务这种贸易模式还会受到目标市场基础设施条件的限制。

□ 新创企业

新创企业总是面临着很多的风险，这与它们是将业务严格限于国内市场还是扩展到国际市场没有关系。但是如果企业有一份经过认真调查、精心准备的国际商业计划书，它们很可能会发现，具有全球视野将大大增加自己成功的机会。例如，一家刚成立的资金有限的企业如果利用他国廉价的劳动力制造商品，继而以一个相对有吸引力的价格在其本国销售这些商品，那么该企业一定可以获利。新创企业的目标也可以是占领那些还没有大型竞争对手出现的海外市场。一旦它们在这样的市场上占据了较大的市场份额，就为其他对手的进入设置了一个壁垒。让自己的产品或者服务在一个较小的市场上大获成功，可以为企业进入较大的市场打下基础。

一份可行的计划书应该具备的五个特征

关于如何才能撰写一份成功的商业计划书，并没有一定之规。商业计划书的吸引力有多大最终取决于企业产品或者服务的生命力，取决于你有没有能力将它们推向市场，取决于你的经营管理能力。但是，审核你的商业计划书，确保它具有以下所有或者大部分特征还是非常有必要的：

1. 清楚地告诉了计划书的读者，贵公司打算达到怎样的目标。

2. 计划期的长短应该合适，通常为 3～7 年，具体则取决于业务的性质以及企业老板的目标。

3. 包括 3 个 M，即制造（manufacturing）、营销（marketing）、管理（management）。对于服务型企业来说，则是用方法（methodology）取代制造。

4. 在绘制蓝图时应该定性和定量并重。

5. 对财务目标应该进行解释并且给出证据，而且这些目标应该是切实可行的。

第3章 撰写商业计划书：基本问题

最可怕的事情莫过于在懵懵懂懂的状态下就开始采取行动。

——歌德

本章讲述在撰写国际商业计划书之前、撰写期间以及对商业计划书做最后的审定过程中，需要考虑的基本问题。这些问题与你确定计划书应该包括哪些内容和要素，对进行国际化经营所存在的风险进行分析并准备应对之策有关。另外，需要记住的是，每一份商业计划书都有一个关键的审定人，他可能是投资人、外部董事会成员、独立顾问或者公司内部要求你撰写该计划书的一位高级经理。处在这个位置上的人，也总是会提出这些基本问题——而不管你撰写这份计划书的理由是什么。

■ 国际焦点

虽然国内和国际商业计划书内容上有很多相似之处，但是二者也有着明显的区别：国际商业计划书的基本假设前提是，企业寻求将两个或者更多国家和地区作为进行销售或者经营活动的潜在目标市场。

☐ 确定国际因素

只要找到进行国际化经营面临的问题，商业计划书自然也就抓住了国际焦点。在撰写计划书的每一部分时，都一定要问以下问题：

■ 企业的产品是否适合在海外市场使用和销售？如果适合的话，适合哪些市场？

■ 如果海外市场上存在潜在需求，你方是否做了充分的调研，以制定出针对该目标市场的恰当的进入战略？

■ 企业是否在当地市场上找到了可以帮助它进行生产、经营以及分销的合作伙伴？

■ 企业的组织结构是否包含了可以用来在海外市场探寻新的机会的要素？

■ 你还需要哪些资源才能帮助原本将目标定位为本国市场的贵公司实现国际化经营的战略（比如，新的管理层、资本、国外办事处，等等）？

注意事项 👈

在撰写商业计划书的每一部分时，都要确保你已经考虑到了国际市场上的机会、应确定的特殊目标，并且应该将如何实现这些目标也囊括进来。

竞争优势

世界有着几十亿的人口，你凭什么认为你可以实现自己的商业目标呢？就在此刻，在帕洛阿尔托、特拉维夫、纽约、东京、伦敦和新德里，可能有无数的商人与你有着类似的想法、类似的目标市场。不要自欺欺人地认为你的点子是唯一的。在这样的情况下，你如何保证自己会取得成功呢？

☐ 找出你的竞争优势

找出你的竞争优势是保证你在国际舞台上取得成功的一个关键步骤，因此，也是撰写商业计划书过程中的一个重要环节。将你所能够想到的自己的所有竞争优势列一个清单。在计划书中应该给出对相关优势的说明，并且应该指出在目标市场利用这些优势的步骤和方法。

从吸引你进入国际舞台的潜在机会中或许可以找到你的竞争优势。具有国际化的思维方式的一个好处是，它给你提供了各种各样的战略选择，根据这些战略，你可以找到并且获得生产所需的低成本劳动力或者廉价的原材料，进而使自己具备了竞争优势。但是，找出自己在国际市场上的竞争优势也是一个相当有挑战性的工作，因为竞争对手很可能会不知道从什么地方突然冒了出来，你们之间的竞争也很可能会非常激烈而且不断发生变化。

你可以通过为自己的点子或者创意申请保护来取得竞争优势，从而延缓竞争对手的脚步。将你的无形资产，比如专利、流程手册、商业秘密以及除分销合同和加工协定之外的其他形式的知识产权列一个清单。只要你可以利用它们阻止竞争对手前进的步伐，那么这些都是非常宝贵的资产。

注意事项

人类很喜欢分享。或许你有了一个绝妙的点子，它是如此令人兴奋，以至于你都想冲到大街上将它告诉每一个人。但是这样一来，竞争对手就会和你一样看到其背后蕴藏的商机。为了保持你的领先地位，你需要设置壁垒，阻止那些希望从你的目标市场中分一杯羹的竞争对手。第一步就是要对你的计划书保密。你可以通过保密协议、公司保密培训、备忘录以及指南和注册等途径，对你的计划书以及你所拥有的其他知识产权进行保护。

你的商业计划书还应该给对手造成障碍——这里的意思是合法的障碍（在公平竞争范围内）。你可以和供应商或者制造商签订特殊的合同，设法不让他们和你的竞争对手合作。你还需要从当地专家中招贤纳士，而且你的计划必须具有一定的灵活性，充分考虑到市场、技术、场地、劳动力以及其他类似的条件的变化，从而使你能够保持自身的竞争优势。

未雨绸缪对于保持你的竞争优势来说也是至关重要的。作为战略的一部分，你需要为你的计划确定一个期限。你的计划是针对未来1年、3年、5年还是10年？为此，你需要考虑一下要想将你的点子细化并且推向市场需要多长时间，其后要想实现利润又需要多长时间。你所设定的保护壁垒必须能够有效地阻止你的竞争对手，至少在你取得所希望取得的市场份额之前，能够做到这一点。

记住，帮助你在一个国家取得了竞争优势的战略，放到另外一个国家，却不一定是行之有效的。例如，欧盟地区的企业通常可以凭借专利或者其他知识产权领先于竞争对手，但是在那些对知识产权保护力度不够或者根本无法提供任何保护的国家，这样的战略就完全行不通了。因此，你需要借助特殊的营销活动、培训项目以及促销活动等来提升自己的品牌价值和品牌认知度以不断调整自己的战略，从而考虑到不同市场的差别。

读者

每个企业家或者"内部创新者"（为企业提出新的有风险的经营方案的内部人）在撰写商业计划书的时候，头脑中都必须非常清楚计划书是提交给谁看的。不管计划书的读者是谁，其核心内容都是一样的；但是，要想让你的商业计划书对读者、对你的企业以及你自己起到帮助作用，你必须格外关注读者需要知道什么！

□ 找出计划书的读者

在对编写商业计划书进行首次讨论的时候，就必须要做好笔记。你很可能会因为过分关注计划书中要讨论的所有议题，从而忘记了自己撰写商业计划书的主要目的是什么。你需要确定一下谁才是阅读并且利用计划书中的信息的人。考虑下面给出的现实情境：

■ 一位中层管理人员根据首席执行官的要求，准备一份关于建议将企业的业务范围扩展至新的海外市场的计划书。此时，计划书不仅要阐明进入海外市场，而且需要告诉读者企业内部应该作出怎样的调整，比如升级信息系统，聘请曾经在目标市场打拼的新的管理人员等。

■ 董事会要求提交一份年度预算和工作计划。如果涉及国际活动的话，那么计划书中必须说明企业在国际舞台上的获利能力，以及如何应对每个国家所特有的风险。

■ 如果在特定目标市场上销售企业产品或者服务的提案已经获准通过，那么销售部经理可能会被要求提交一个针对该国的计划书，其中囊括的内容和话题与针对企业本国市场的商业计划书所包含的内容和话题非常相近。但是，这一计划书中还应该包含对大环境以及竞争情况的分析，除此之外，还要制订一个详细的经营预算以便进行预测和监督。

■ 假设你被要求向潜在的出资人——包括投资者和商业贷款人——提交一份商业计划书。出资人主要关心他们的投资能否实现预期的收益。因此，计划书应该重在说明在投资期内，在合理的假设下，可以有着怎样的预期目标。很多投资者的投资期限都太短了，不足以为国际化经营提供所需的支持。

■ 一个潜在的商业合作伙伴要求你提交一份计划书。该合作伙伴是一家外国公司，它对于设立合资企业帮助你方进军新的市场很有兴趣。此时，商业计划书更像是一种营销工具，通过它来向对方展示它们可以利用的商机。在双方确定合作关系之前，与收入和支出有关的细节问题可以不用讨论。

注意事项 ☞

在确定了计划书的提交对象之后，重新浏览一下你的计划书的要点，看看哪些对对方来说是最有帮助的，哪些帮助则不是太大。一定要突出重点，而不用管计划书是用于盈亏分析、营销、长期投资还是经营目的。把所有的关键内容都写到计划书里，但是根据读者对象的不同来区分重点。

明确的行动方案

管理人员往往花费过多的时间来介绍企业的产品和服务，以及他们所发现的巨大的市场机会。尽管投资者和顾问们会一再强调，即便是再好的构想，如果不能很好地实施，也是毫无价值的，但是管理人员对营销以及管理方面的问题仍往往不够重视。

□ 制定行动方案

为以下三个 M 做好计划：制造（manufacturing）、营销（marketing）、管理（management）。对于服务型企业来说，则是针对方法、营销、管理制定计划。在计划书中不要过分强调你的产品或者服务，它们不过是你总体计划的一部分而已。产品制造或生产、企业管理与产品营销这三者是同等重要的。只有卓越的产品或者服务是不够的。你还必须将产品或者服务推向市场，并且实现一定的利润，而这就要求对前面提到的三个 M 有一个清晰的认识。在国际商业计划书中，这三个 M 格外重要，因为国际化经营与只从事国内业务比较起来，需要在交通运输和物流问题上投入更多的精力。

注意事项 ☞

当你准备花大力气进行调研并且撰写商业计划书时，你需要认清这样一个事实：读者可能只有几分钟的时间来判断你的计划书是否值得一读。因此，一定要确保计划书的简明、准确，条理清楚。

首先，不要让读者翻上半天才找到你计划的核心内容，他们也不会浪费时间这样做。为计划书写一个摘要。读者一般不会跳过这一部分，所以摘要必须简明扼要，能够抓住读者的眼球。一个好的摘要可以大大提高读者完整阅读你的计划书的概率；相反，一个糟糕的摘要可能是致命的。大多数顾问都会建议你最后再写摘要。这是有道理的，因为你可以从撰写计划书的过程中学到很多东西。如果你在学到这些东西之后再来写摘要，那么你就可以更好地介绍你所学到的东西。

在对计划书的各部分内容进行梳理完善的过程中，下面这些小技巧会给你提供一些帮助：

- **尽快步入正题。**你只有几分钟的时间来吸引读者的注意力。不要做无谓的浪费。

- **确保计划书能够吸引人。**在陈述你的业务和商机时必须要富有激情和蛊惑力，以便能够吸引读者的注意力。

- **不要有拼写或者语法错误。**反复通读你的计划书，确保准确无误。一定要用电脑做一次拼写检查，然后再找人通读一遍。没有什么比错误百出、粗制滥造的计划书更让人厌烦的了。

- **不要让读者不知所云。**专业术语、字母缩写以及其他行话会让读者坠入云里雾里，所以除非它们对计划书来说非常重要，否则尽量不要使用这类表述。最好的计划书必须是简明易懂的，哪怕是对那些对于计划书所涉猎的行业不太熟悉的人来说也是这样的。

- **计划书一定要是最新的。**如果你所做的调研或者所用的财务数据过于陈旧，那么计划书的可信度就一定会被打个折扣。

注意事项 ☞

一个好的摘要除了对计划书进行简明介绍之外，还有更多的作用。它可以代替完整的计划，分发给感兴趣的各方。对于利用在线服务来吸引投资的企业家来说，还可以将摘要发布在可靠的风险投资网站或者论坛上。

▉ 一个伟大的团队

企业的实力通常取决于它有怎样的员工。管理层必须富有洞察力，而且具有责任感。在挑选员工的时候，对方一定要展示出天分和才干。在计划书中，这一部分有时候没有得到足够的重视，或者是敷衍了事，但是它却可能是关系企业成败的一个重要因素。对企业的团队留下深刻印象的投资者更有可能加入到这个团队中来。经验丰富的投资人和风险投资公司往往会首先了解一下企业管理层的简历。

□ 组建团队

除了确定已经在位的职员外，还要确定企业需要填补的职位空缺都有哪些。这可能包括研发人员、市场营销人员、行政管理人员、投资者、人力资源培训经理、采购人员、财务以及法律顾问等。这一环节还包括对已经选定的重要人选的才能、偏好以及责任心的评估，以便在企业的国际化经营过程中重新为他们定位，同时借此发现有哪些环节尚且缺失。

注意事项

一个完整的国际商业计划书应该对企业的组织结构和关键人员作出说明。而你所选择的团队则是决定你的方案是否值得投资的一个重要指标。利用你方的专业团队来佐证你方令人印象深刻、兴奋的构想是可以变成现实的。

最起码的，商业计划书中应该对团队中每一位关键成员的专业技能和能力做一个说明。计划书中很少会提及企业员工的简历；但是在提交给投资人的商业计划书中，通常要随附在企业战略的执行过程中发挥着重要作用的主要经理人、工程师和科技人员的简历。此时，往往需要按照重申团队成员具备所需的经验和技能来成功完成任务的宗旨，对员工的简历重新进行组织。

简历不仅仅是对员工教育背景和工作经历的简单罗列。将重点放在其此前的工作经验上，并且阐明这些经验与现在的工作有着怎样的关系。不要回避失败。只要能够从中吸取教训，失败也未尝不是一件好事。看简历的人通常都可以理解失败的价值所在。

健全的组织结构

组织结构分析是一个自我评估的过程。很多企业都会定期做类似的分析，以便管理层可以迅速对新机会所具有的潜在价值做出评价。有时候，企业还会邀请外部顾问对自己进行一次独立和公正的评估，以便找出企业管理层可能没有发现的问题。除非国际化经营可以提供机会攻克企业在组织结构方面存在的弱势或者强化其优势，否则就没有任何意义和价值。

在分析时应该包括企业的如下内容：

■ 每一个主要的职能部门（比如，对于生产型企业来说，这可能包括生产、营销、物流和采购等）；

■ 企业的财务状况和固定资产状况；

■ 企业在国内市场上的地位，以及任何可能让企业在为产品寻找新出路时必须谨慎把握的趋势；

■ 企业现有员工的管理才能和技术素养。

注意事项 ☞

在选择管理团队时，必须注意每个成员的新工作岗位应该与其过去的经验相关。不能仅仅为了填补职位空缺，就让一个纯工程背景的人来担任新的营销经理一职。如果现在还没有合适的人选来组建一个完整的管理团队，那么就在计划中说明如何以及什么时候可以找到这样的人才。例如，作为其提供的服务的一部分，很多风险投资企业都可以提供能够出任经理职位的人才。

利用组织结构分析为企业的全球战略制定具体的目标。在计划书中应该对每一个目标作出说明，包括为什么要追求这一目标。例如，企业可能会发现产品的生产支出过高，影响了其盈利能力，进而导致它要想将价格维持在一个有竞争力的水平上，不得不降低质量标准。因此，企业的目标是通过利用海外市场低成本的劳动力和廉价原材料来降低可变成本，进而提高获利能力。如果确如我们这里所分析的那样，那么应该在计划书中重点强调这一点。

对不利因素的分析

一份好的商业计划书，包括只供内部使用的计划书在内，都会提到与实现一些积极的目标有关的潜在风险和问题。在针对每个新市场的背景分析中，应该将这些问题都提出来。在提交给投资人的商业计划书中，在"风险因素"部分加入对不利因素的分析。

□ 找出不利因素

通往商业成功之路并不总是一帆风顺的。对于每个问题，必须直面它，将问题提出来，说明你从中吸取了哪些经验教训，或者你将如何解决这些问题。如果有竞争对手存在的话，说明你比他们强在哪里，如何打败对手。不要让投资人或者高级经理对于你跳过的问题心有疑虑。看计划书的人不会费尽周折地去问你，但是他们会将你的计划书扔在一边，因为他们认为这份计划书不可信或者有虚假的成分。

注意事项 ☞

处理不确定因素的另外一个明智之举是，根据不同假设给出不同的预测结果。最佳的商业计划书应该围绕某一关键可变因素的不同情况制定两套或者两套以上的预测方案。比如，这些可变因素可能包括新目标市场上的需求水平，或者一国不能按照企业期望的速度及时采用预期的技术等。虽然 SWOT 分析法已经有点过时，但是仍然可以采取其他方式对企业面临的优势、劣势、机遇和挑战作出分析。做最乐观的预期，但是做最坏的准备。

保密要求

如果你将商业计划书泄漏给了竞争对手，那么你很可能就加入到了一场市场争夺大战之中。在有些国家，法律可以保护你的权利，但你绝不能因此就有恃无恐。即便能够证明谁先想出了这个商业计划书，谁拥有这个计划书的所有权，你也不得不花费大量的财力和精力去证明这一点。更重要的是，你可能因此已经失去了自己的竞争优势。

□ 确定保密事项

商业计划书中包含的信息是机密，是私有财产。这是公司的商业秘密。同样，产品或者服务的研发记录、备忘录以及报告也都是商业机密；你的营销手段、消费者和客户名单、全球扩展计划、合约性协定以及公众不能轻易接触到的其他类似材料也都属于商业机密的范围。所有这些东西都是有价值的——资产价值。因此，一定要认真保护它们，不要将之泄露给竞争对手或者不相关的人员。

需要特别注意的是，商业计划书中不能包含从第三方处获得的信息，比如从以前的雇主或者竞争对手那里获取的信息。除非获得第三方的许可，否则不要将属于第三方或者保密性的材料纳入到你的计划书中。

另外，要对属于你公司的信息严格保密，具体措施如下：

■ 将商业计划书进行装订，外设一个封面。上面写明企业的名称和地址，并且以醒目的方式标明"私密文件，版权所有"的字样。明确注明，除非得到当事人的书面授权，否则在任何情况下都禁止泄漏这些信息。

■ 在第一次对公司董事、管理人员以及员工进行培训或者向他们介绍企业的情况，以及在日后的定期培训或者离职谈话时，必须向他们强调企业商业计划书的机密性。

■ 限制计划书的分发范围，并且妥善保管计划书的所有副本。不要随意乱放或者随手将计划书扔在书架上。

■ 限制分发的计划书的总份数。要求企业所有人员都签订保密协议，其中要明确包括商业计划书在内，哪些属于企业的商业机密。

■ 要求收到商业计划书的一方——潜在经销商、许可证持有人、特许经营者、投资人等——遵守保密协议。该协议的涵盖范围包括商业计划书中的信息，以及与企业代表会谈和讨论获得的所有其他信息。

■ 对泄密事件做一个记录，包括泄密人的名字、泄密时间以及泄密的目的。

忠告

记住，不是所有人都愿意在甚至都没有看过商业计划书的情况下，就面临法律诉讼。许多风险投资公司、商业"孵化"服务或者咨询公司会坚决拒绝签订保密协议，因为它们认为这样做会导致它们在推广你的计划时被束手束脚。它们的态度往往是，"如果你想得到我们的帮助，那么就必须信任我们"。如果它们是值得信赖的，有着很好的口碑，那么你就可以免签保密协议；否则，就要具体情况具体分析了。

同样，如果你打算将计划书提交给不属于你们本国法律体系监管的人，那么需要注意的一点是，知识产权问题并不是在所有地方都得到普遍的高度重视的。有些人可能并不抗拒签订保密协议，因为他们很清楚，你永远没有办法阻止他们违反协议。如果保密性是你方关注的一个重要问题，那么就要确认一下当地的司法制度是否保障这类协议的效力。

计划落实时间表

商业计划书应该具有现实可行性和指导性，可以成为企业发展经营和未来前进方向的指南。因此，起草商业计划书的过程本身也必须遵循一定的程序和惯例，以便随时关注企业的发展进程是否与计划书中列明的行动项目与业绩目标相一致。虽然这些程序无需写入计划书，成为其中的一部分，但是务必要确保企业中的所有责任人都非常清楚应该遵循怎样的程序。

□ 将计划书放在首位

应该将国际商业计划书的撰写和执行工作作为企业以及工作人员的头等要事。要像对待企业其他"关键任务"——比如，新产品的研发、生产以及营销——一样来对待商业计划书。

在对企业绩效进行汇报和分析的同时，还要写明对于按时完成计划书中所列的任务的行为，应该提供怎样的奖励。当投资人被要求为一项新活动——比如一个新的海外市场开展业务——提供资金支持时，制定奖励措施是非常普遍的做法。例如，根据激励政策，如果经理人员超额完成任务，他们可以得到额外的奖励。相反，如果管理层没能实现预定的目标，那么投资人有权力限制他们的决策权，甚至可以削减支付给他们的工资。

注意事项 ☞

确定计划能否按时得到执行，是否仍是公司现行战略的一个重要组成部分，最好的方法就是为工作组成员制定一个严格的起草计划书和监督其执行情况的时间表。甚至在计划书完成之前，第5章所提到的工作组组建工作开始之初就应该注重计划的落实问题。一旦计划制定完成并且得到了相关方面的认可，就要准备一个列出了计划书中的重要事件的日程表，以及一个检查计划落实情况的会议时间表。此外，还要规定必须定期提供书面报告，内容包括特定时期内的财务数据和其他商业信息，同时还要对企业实际的绩效与计划书中载明的预期和目标进行对照。

计划落实时间表应该包含以下所有或者大部分事项：

■ **首次会议**。召集高级管理人员召开一次会议，确认编写商业计划书的必要性。这种方式看上去有点好笑，特别是当你自己是高级管理团队中的一员时。但是，除非正式下达某种指示，否则事情总有出现疏漏的时候。

■ **主要目的**。确定计划书的主要目的，以及作为计划书的一部分需要包括的具体问题。正如在其他章节中所提到的那样，商业计划书的重点会因为具体企业以及计划书的目的不同而不同。在国际商业计划书中，应该特别注意那些将作为新的目标市场和/或原材料来源地而需要具体分析的国家。

■ **组建专家小组**。根据计划的目的以及所涉及的话题，组建一个由最适合从事资料收集并且将这些资料写入计划书中的专家和调研人员构成的工作组。如果企业计划在海外某个地区开展业务，那么应在当地招聘财务和法律顾问的同时聘请了解该国情况的专家。

■ **时间表**。为拟定计划书的初稿及其传阅、审议制定一个严格的时间表。为计划书的"编辑人员"留出时间，以便他们对草案进行审查，并理顺由不同起草人撰写的部分中互相重复的内容。

■ **确定资源**。确定起草和执行计划书所需要的辅助资源。例如，如果必须雇用海外员工，那么应该与当地的猎头公司联系。在很多情况下，新聘员工可以在商业计划的冲刺阶段注入活力。你可能还会需要从外部聘请会计师，让他们协助整理历史财务数据以及对未来业绩作出预测。

■ **附属材料**。应确定所有附属材料都已经准备好，供正式推介计划书时使用。附属材料包括幻灯片以及可供在会议上分发的关于计划书的简短摘要。不要忘记应该随时向他人推销你的计划，无论是公司内部的人还是公司外部的人。

■ **指导原则**。为了监控计划的实施进度以及企业达成里程碑式事件的能力，有必要制定一个指导原则。让企业的财务报告部门对实际业绩与预期目标做一个对照，以便及时对出现的偏差进行分析。在计划书完成之后，应该定期召开工作组会议。此外，还应该定期更新计划书的内容。每次准备更新时，都要彻底审核计划书的每一部分，就像以前从未写过计划书一样。

商务分析师希望从商业计划书中获知哪些信息？

先是作为一个常常要寻找投资机会的企业家，后来又作为针对刚创立的企业的商务分析师，这些经历使得我有机会深刻了解投资人在决定投资于某个商机时，真正看重的是什么。在此，我将就投资人在对以商业计划书形式呈现出来的商业机会进行评估时，希望了解的基本信息做一个简要的介绍。

必须要牢记的一点是，在风险投资公司的出资人同意看你的商业计划书之前，你必须先通过商务分析师这一关。对于很多企业家来说，想出另外一个耗资百万美元的点子并不是什么难事。但是，撰写一份可以将其想法准确表达出来的商业计划书却并非易事。我曾经听说，有些企业家将自己的构想写在餐巾纸上就得到了出资人的大力支持，在互联网繁荣时期这样的例子更是屡见不鲜。但是，现在这样的事情基本上不会发生了。要想得到投资人的支持，你必须准备一份完整的商业计划书。

那么，投资人希望从商业计划书中获取哪些信息呢？一般来说，他们希望找到以下问题的答案：

1. 你所发现的机会是如何解决利基市场中的某一问题的？
2. 创业团队是否具备让这笔风险投资获利的能力？
3. 投资人是否可以获取高额回报，从而值得进行投资？

这些问题应该在摘要以及商业计划书中给出答案。需要注意的是，摘要的篇幅不要超过两页，其内容应该是对计划书中可以回答上面提出的 3 个问题的部分做一个有说服力的阐释。

作为一名商务分析师，在阅读商业计划书时我做的第一件事就是通读一下摘要，然后就翻到关于主创人员工作经验以及核心竞争力的部分。这样，我很快就可以了解企业能够解决哪些问题；成员是否具有竞争力，如果为他们提供资金，他们能否对企业进行有效的管理并且使之不断发展壮大。

如果这两个问题得到了满意的答复，那么我会继续向下阅读，寻找最后一个问题的答案：我们的投资能否得到回报？

要确定这一点，我们需要找到几个关键点。首先就是企业的营销战略。提出要以 100 万美元的预算来做电视广告的商业计划书对我们来说毫无吸引力。这种"推式营销"远没有"拉式营销"有效。拉式营销的关键是与已经建立起品牌知名度、可以将你的产品或者企业迅速拉进市场的企业建立合作伙伴关系。因此，建立伙伴关系，并且将这种关系在商业计划书中呈现出来就显得非常重要了。

关于投资回报问题，我们寻找的第二个关键点是企业的货币战略。换句话说就是，你的企业如何赚钱？产品定价是否合理？是否有令人满意的一定量的潜在客户？需要的资金额是否足以实现预期的利润目标？

我们要寻找的最后一个关键点与竞争以及进入壁垒有关。投资人总是希望了解有多少竞争对手在和你争夺市场。如果你的产品或者服务在推向市场时抢占了先机从而占据优势，那么出资人会希望了解到你是否采取了措施，以阻止竞争对手很快来分割你辛辛苦苦才抢占的市场份额。这就被称为"制造入市壁垒"。制造壁垒的方法有几种，其中之一就是通过专利和商标来保护你公司的技术和品牌形象。另外一种做法是与那些在实现你公司的产品或者服务的价值链中具有重要战略意义的企业结成战略联盟或者建立合作伙伴关系。这会使得其他企业很难再打入这一市场。

总之，不管你的商业计划书写得多完美，出资人只会对那些有切实意义的商机进行投资。很多人曾经问我，如果商业计划书中存在拼写或者语法错误，我们会怎么处理。这类错误不会扼杀一份商业计划书，但是这类错误也是原本就不应该出现的。商业计划书体现着你的工作能力以及是否关注细节。一定要擦亮眼睛，仔细校正商业计划书。有了一份回答了前面提出的三个关键问题的商业计划书，再加上一份简短有力的计划书摘要，你就踏上了融资之路。

兰斯·珀金斯

忠告☞

风险投资已经成为促进世界各地很多产业蓬勃发展的一大动力，但是对于企业家们来说，这也不是免费的午餐。风险投资公司通常希望控制企业较大的一部分股权（比如，40%），并且希望能够参与到企业的日常经营管理活动中。但是企业家却常常发现，自己很难放弃控制权，因此，只能拒绝风险投资公司以任何形式参与企业经营。

另一方面，在你所希望开展业务的领域，风险投资公司的人可能已经有所涉猎，他们的经验将是非常宝贵和有价值的。如果你想与风险投资公司合作，那么一定要充分利用他们提供的经验教训。这可能比他们所提供的资金更加重要。

第 4 章 撰写商业计划书：国际化经营

洞察力是一门能够看到无形事物的艺术。

——乔纳森·斯威夫特

所有的成功（以及失败）在最开始的时候都是一个点子而已。罗马不是一天建成的。成功的点子也是随着时间的推移逐渐完善——主要是对那些可能会影响到这个点子的成败的因素进行分析研究之后作出的——而得来的。一份好的国际商业计划书会将所有这些因素提出来，并且为企业如何将自己的点子转变成一个成功的事业这个问题提供答案。

因此，在撰写国际商业计划书之前，你和你的高级经理们首先需要分析一下会影响到你们的国际化经营的因素。通常来说，这一分析是围绕以下四个问题展开的。

□ 问题 1：环境因素

环境因素指的是源于企业外部，会给企业经营产生压力、创造需求、带来机遇的外部因素。这主要包括企业在每一个目标市场上将会面临的业务、行业以及竞争环境。

□ 问题2：外国市场准入

外国市场准入因素指的是将产品和服务推向每个海外目标市场时，会碰到的所有问题。

□ 问题3：国际金融问题

国际金融问题主要是指为国际企业提供融资的问题，但是同样也涉及资金的国际流动、国际结算方式、外汇、资本汇回以及利润收回等。

□ 问题4：法律与监管问题

法律与监管问题与每个计划开展业务的海外市场或者地区在法律法规以及监管制度方面存在的差异有关。

分析得出的结果将会为你的商业计划书提供必要的基石。如果你已经做过类似的分析，那么快速浏览一下本章的内容也会为你检查分析是否囊括了所有问题提供帮助。

问题1：环境分析

所谓环境分析就是对进入海外市场面临的风险和机遇做一个彻底的梳理，以便评估国际商业舞台可以为你的企业带来什么。在为企业的日常经营与业务扩张制定战略、区分事情的轻重缓急过程中，环境分析起着非常重要的作用。分析的最终结果会写进商业计划书中，在关于企业具体的业务目标那一部分可以体现出来。

为了制定一个周全、完备的战略，首先需要对国家环境做一个简略的分析，然后再针对不同的国家和不同的行业做具体的背景分析。

■ **国际方面**。所有国家都以买方、卖方、竞争者、资本提供者或者消费者的身份参与到了全球经济活动中来。国际市场的变化可能会对刚刚进入市场的企业所面临的当地商业环境产生巨大的影响。例如，主要进出口商品价格的变化会迅速导致企业在个别国家和地区的运营成本相应发生变化。当双边经济联盟的某个成员的经济状况发生剧烈变化时，比如一国最大的贸易伙伴国陷入了经济萧条，也会出现类似的状况。

■ **国内方面**。一国政府的战略也会对该国的商业环境产生影响。政府是否应该推动和积极干预经济发展进程本来就是一个有争议的话题。许多国家，特别是（但不仅限于）发展中国家的政府制定了很多政策和相应措施——它们极易受到政治和文化因素的影响。因此，准备进军新的海外市场的企业的管理层必须花费必要的时间和精力，了解和解读该国政府的战略，并且在商业计划书中说明打算如何应对这一战略。

■ **行业方面**。在进行国际化经营时，由于各国在制度方面的历史差异，所形成的方方面面的条件也是不同的，因此传统的国内或者国际市场进入决策过程所考虑的竞争因素变得更加复杂了。例如，管理层可能不得不应对来自国有企业、从事相关活动的集体所有企业协会或者小型本土生产者的竞争。这些实体可能是在非正规的领域从事经营。这些领域基本不会面临针对外资企业和本国大型企业的规章制度和限制条件的约束。

环境分析所需要考虑的因素涉及方方面面，包括经济、政治、科技、竞争、文化以及社会统计学特征等。其中需要提出和作出回答的问题主要有下面几个：

▼ 企业在其他国家是否面临商业或者经济方面的机遇，从而可以保证企业所投入的资金和其他资源是值得的？

▼ 通过国际化经营，企业是否可以取得能够压倒直接的、预期中的竞争对手的优势或者说进行国际化经营就可以保证企业不在竞争中落败？

▼ 企业是否可以利用其他国家的最新技术，同时保护好自己所有的无形资产的产权？

▼ 要想进入一个新的市场，企业必须克服哪些政治、法律、财务以及社会方面的风险？

注意事项 ☞

环境分析的结果通常会作为每个海外市场背景资料的一部分被写入商业计划书中。在制定企业战略的过程中，环境分析报告也是非常有用的，可以帮助企业按照不同国家自身的特点，逐一解决企业与政府的关系、市场进入策略、营销与战略联盟等问题。因此，环境分析是在商业计划书中形成具体的企业目标的基础。无论做什么，都不能为了"政治正确"而"故意回避问题"或者敷衍了事。企业能否取得成功很可能就取决于这些环境因素，因此对这些因素的描述必须像对其他信息的表述一样准确到位。

□ 经济因素

经济因素包括自然资源、人力资本、资金、基础设施以及科技水平等。

这些因素的特性会随着一国经济的发展而发生变化。尽管凡事总有例外（例如，对于产油国来说，无论其经济发展处在什么阶段，自然资源都是一个主导性的经济因素），但是自然资源的重要性会随着社会的发展而不断被削弱。同时，整体来说未来的发展趋势是熟练的劳动力队伍不断壮大，可用于国内消费和投资的收入不断增加，物质基础设施不断完善，内部信息交流逐渐加强，鼓励技术进步。

■ **自然资源**。为了写出以及贯彻一份可行的国际商业计划书，管理层必须监控目标国在自然资源和原材料方面的最新动态。自然资源对于当地经济的重要性如何？可供利用的自然资源的数量和质量怎样？如果有某种或者是某几种自然资源在当地经济中占据主导地位，那么明智的管理人员将会考虑是否可以将这种资源应用到其全球战略中去。非常有可能的是，外国政府会非常关注与这种资源相关的各个行业，并且制定各种投资激励措施。另外，这些行业的表现很可能会影响到该国整体的经济状况，因此，这就为我们预测当地的经济发展趋势提供了一个很好的依据。

■ **人力资本**。在进军新的市场之前，对当地的劳动力状况做一个评估师很关键的一环。如果面对一个缺乏熟练劳动力的市场，你却没有安排相应的教育或者培训项目，那么你的计划可能会以失败告终。在这样的市场上，你可能需要从其他国家或者地区引入熟练的工人和管理人员，为了让这些人安心在这里工作，你可能不得不支付一个相当有诱惑力的薪水。如果企业计划将现有管理人员中的一部分派驻到目标市场，那么还必须考虑到如何解决员工们之间因为文化传统、宗教信仰、教育经历以及政治背景不同而产生的误解和冲突。有很多国家确实可以为外资企业提供大量的低成本劳动力，但是绝对不能忽视遵守当地劳动法这个问题，劳动法作为保护本国工人不受外国雇主剥削的一种手段，应用越来越普及。

忠告 ☞

很多国家对于允许多少外国管理人员入境在该国开展业务活动设有名额限制，而且对于外国管理人员的任职时间——之后他们将会被当地管理人员代替——也有限制。这些国家希望外资企业提供管理培训，而且可能会要求企业向当地管理人员支付与外国管理层同样的薪资。我们建议企业在进入一个新的市场之前，对当地的人力资源状况做一个调查研究。

■ **资金**。与资金有关的问题是双向的：支出和收入。企业在商业计划书中必须明确写明，要进入一个新的市场，企业需要哪些金融资源，另一方面其投资将会得到什么样的预期回报。

在某些国家，政府为新流入的外来投资提供了很多极富吸引力的融资优惠或者其他激励措施。但是，很多国家和地区不管是私人资本还是公共资本都非常匮乏。因此，外资公司必须做好为将业务活动拓展到这些地区提供资金支持的准备，直到那里的业务部门可以实现自负盈亏为止。那些鼎力支持管理层将业务范围扩展到全球的企业，会着眼于长远发展和长期利益来把握今天的市场机遇。

从资金流入的角度看，商业计划书应该切实可行地说明企业可以获得的预期收益。通过对目标市场的收入水平、储蓄率以及收入分配状况的调查，分析当地的市场需求水平和购买力。下面给出的是与此相关的一些问题：

▼ 消费者是只购买生活必需品，还是会购买奢侈品？

▼ 当地货币是否坚挺？当地百姓对本国金融机构有信心吗？

▼ 银行是否向当地企业提供贷款，支持它们采购外国设备和产品？

▼ 当地金融机构实力如何？它们是私人所有的还是国家所有的？

▼ 当地的通货膨胀率是多少？如何控制通货膨胀水平？

▼ 是否存在外汇管制，从而导致从海外购买原材料或者服务后进口到该国非常困难且成本高昂，以至于企业不得不依赖于当地所能提供的任何资源？

▼如果不得不使用当地资源，你是否需要调整企业产品的类型和质量？

■ **基础设施**。电子商务也许是未来的发展趋势，但是目前商业活动仍然需要借助实际基础设施的帮助。在任何国际商务计划书中，都必须考虑到该国现有基础设施是否符合企业的要求，这些设施包括交通、电力、能源以及邮电通信等。如果企业所需的设施不够完善，那么你就需要制定计划，对那些可以保证你在目标国开展业务活动的系统进行投资。你可能需要自己盖楼或者修路，维护发电机，打造特别的卫星和通讯系统。如果目标市场几乎没有什么配套设施可以为你提供市场调研信息，那么你可能还需要建立并维护一套非正式的个人通讯系统，以获取与供求、价格、技术、金融以及政府规章制度等有关的可靠信息。

■ **科技水平**。了解目标市场的科技水平对于企业成功实现国际化经营来说是至关重要的。如果企业提供的是具有一定科技含量的产品或者服务，那么这些产品和服务的价值就取决于当地人能否理解并将它们应用到日常生活中。即便是企业提供的产品和服务没有太多的技术含量，它仍然可能需要依靠先进技术来提升自己生产、销售和经营活动的效率。

因此，商业计划书必须考虑到当地工人和消费者的技术和知识水平、国内技术发展的源泉，以及一国对技术进口的依赖程度。通过事前规划，企业就可以确定是否需要调整其提供的产品和服务的技术含量，是否需要提供营销和培训活动。这样一来，企业就可以为那些在发达国家已经过时的技术找到新的市场。企业还可以利用技术转让协议来为自己谋利，这种协议是一国为了提升自己的科技水平而提供的一种投资激励措施。

□ 政治因素

政治因素包括稳定性、意识形态、政治机构、地缘政治联系等。毋庸置疑，欠发达国家的政治进程通常更不稳定，公共和私人机构更不完善，并且过度依赖于有限的国际联系。前两点会导致外国投资者所谓的政治风险显著增加，而最后一点则会限制在当地开展业务活动的外国投资者所能够利用的供给和分销渠道。

■ **稳定性**。政治稳定性指的是一国政府政策的可预测性，以及该国主要政治领导人在位时间的长短。通常来说，一个动荡不安的政治环境表现为独裁政府的频繁更迭，进而导致商业环境充满风险，投资者很难得到任何的保障。而在一个政局稳定的国家里，领导人奉行的政策非常明确，选举和立法体制得到民众的认可并且是公开透明的。如果企业选定的目标市场曾经有过政治动荡的历史，那么管理层应该对计划期内该国政局发生动荡的几率及其会给企业带来的影响做一个认真的分析。如果企业所提供的产品对于目标市场来说非常重要或者对他们有着独特的吸引力，以至于政权的更迭不会对企业产生重大影响，那么政治不稳定带来的负面影响就可以大大降低甚至是彻底消除。

■ **意识形态和国家战略**。国家意识形态是一国人民所秉持的、用以证明其制度的合理性并使之合法化的一系列价值观。在考量一家外资企业是否会轻而易举地被新的市场接受并受到欢迎时，需要对该国公众的立场、历史根基、经济发展水平以及其他类似因素进行评估。

在制定计划的过程中，应该挖掘出新的目标市场所秉持的意识形态方面的信仰并加以分析，以预测这些信仰在企业进入该市场时会带来怎样的影响。该国是否限制外资企业参与和投资于该国的经济？与本国企业比起来，该国是否存在导致外资企业成本高企、行动迟缓的监管要求？那些对本国市场享有优先进入权的企业是信贷以及其他资源的提供者吗？

注意事项 🖘 ━━━━━━━━━━━━━━━━━━━━━━━━━━

要想找到准确无误、不偏不倚地描述了一国的意识形态以及国家战略的材料并不是一件容易的事情。这些材料可能是与政府规划有关的文件，可能是政府官员所做的演讲和报告，也可能是该国出版的明确指出未来发展目标的经济

国际商业计划书（第三版）

规划。在 20 个世纪六七十年代的社会主义国家，制定诸如此类的发展规划是非常普遍的做法。但是，必须审慎地看待一国的发展规划，因为这可能只是一国领导人希望公之于众的东西，它与当地实际的政治和经济活动可能毫不相干。

虽然各国政府的发展目标都有自身的独到之处，但是商业计划书在对一国战略进行分析时，至少应该包括以下几个方面的内容：

▼ 经济增长。经济增长通常通过国内生产总值复合增长率来衡量，这是一个重要的长期目标，并且应该与鼓励国内外投资的战略相结合。

▼ 国民收入增长与居民生活水平提高。这会提升一国居民对产品和服务的消费水平。但不幸的是，消费的增加可能与将可支配收入用于投资以实现长期经济增长这一目标发生冲突。

▼ 合理分配经济机会和资源。这可能会要求增加教育和其他培训活动，而且可能会要求政府采取收入再分配政策。

▼创造新的就业机会。这既是推动经济进一步发展的动力，也是一项基本的社会要求。

▼ 支持资源的分配向该国经济中的某一个或几个领域，或者是某一部分人口倾斜，比如农业、工业、卫生、教育或住房等。

▼ 通过制定国家安全战略以及对重要自然资源的使用实施控制来维护国家主权。对于任何一个执政政府来说，维护自身的权力通常高于上述大部分甚至是全部目标。

一旦完成了初步的分析，你应该对照该国所制定的目标和战略，定期衡量该国政府的表现，并且你的商业计划书应该是你的指导原则。你可以采用各种各样的指标，这部分取决于在某个特定的国家，你可以找到和哪些指标有关的数据或资料。最常用到的指标有：

▼ 经济绩效指标，包括实际 GDP 综合增长率、部门产值增长率、年通货膨胀率、储蓄率和投资率——一般以占 GDP 的比率来衡量、国际收支情况以及就业率。

▼ 社会绩效指标，包括居民识字率、婴儿和儿童死亡率、平均预期寿命、受教育年限和毕业率、收入分配情况、特定疾病发病率、户均人口数等。在很多国家，每日食物摄入量也是一个重要的考量指标，其国民备受营养不良困扰的国家就更是如此。

▼ 政治绩效，主要是政局的稳定性，一般可以表现为当局或者重要机构更迭的次数和原因、重大民事骚乱的次数、对基本自由的限制程度、法制的透明

度和确定性等。

▼ 历史发展，包括可能会对一国现行目标和战略产生影响的社会和经济问题、被他国人侵或占领以及一国居民抵抗殖民统治争取独立的政治斗争等。

注意事项 👉

20世纪80年代的墨西哥面临着恶性通货膨胀、国际收支严重失衡、高额财政预算赤字等问题。该国政府别无选择，只能采取一系列的短期策略，包括恢复信贷市场、限制进口、削减政府开支等。其结果是，很多旨在实现长期发展的举措在先前产生的问题——很多问题的成因超出了该国政府的控制范围——得到解决或者控制之前，不得不一拖再拖。

■ **政治机构**。一国的政治机构可以体现该国的意识形态和政治稳定性。因此，应该留意观察一国的政党、政府机构、法院、工会、农业合作社、大学和行业协会的活动。此外，还要留意该国是否有任何可能有足够的实力对政府政策、观点和规章制度产生影响的特定群体——这些人可能是某个特定族群、贵族阶级或者土地所有者团体中的一员。这些制度和利益集团会对你的事业产生怎样的阻碍或者促进作用？你会如何做以降低风险，保持自己的优势？

你的计划书中还应该列出采取什么办法来应对一国政府的决策可能会带来的低效率和高成本问题。你很有可能需要了解各个机构以及负责人的利益和目的，这对于你日后争取在贸易中的主动权以及预测事态的走向有很大帮助。

对于企业迈向成功非常关键的一步就是，与当地的政府官员建立起稳固的关系。你需要知道哪些人物在全国、地区、当地范围内对你方企业的经营活动具有管辖权。例如，企业可能需要与一国的内阁大臣们搞好关系，以取得对新生产设备进行投资的批复。接下来还不得不与地方海关官员们打交道，以保证进行生产所需要的零部件和原材料可以顺利通关。

忠告 👉

要想了解在某个你比较陌生的新开拓的市场上政治力量发挥着怎样的作用，最好的信息提供者就是那些曾在该国做生意或者生活过的海外移民。这些人不仅清楚政府是如何处理各种业务的，而且对当地政治家和官僚们是如何看待外国公司的有着更深的感触。通常情况下，他们并不愿意谈及这些话题——但是他们总能提供证据来佐证自己提供的信息。

在针对如何有效处理与政府的关系这个问题制定战略时，管理人员必须认真敲定那些能发挥作用的相关人员。最好从两个角度来完成这项工作：

1. **放眼外部**。首先，对可能影响企业经营的关键政府政策进行分析，如与外商投资、信贷、融资以及进出口有关的政策。其次，找出对这些政策进行审查或者"拍板"的主要政府机构。最后，与本地专家和顾问一起找出负责每项审查和决策的具体部门或单位。

2. **着手内部**。与政府机构和监管有关的最难应对、最耗费时间的问题往往与企业的日常经营活动有关。因此，应该在企业管理层中做调查，找出负责特定事务的政府官员。这样做有几个好处。首先，这样做可以将那些需要向其进行咨询的政府官员列入需要考虑的"政治地图"中。其次，这样做可以增强企业所有管理人员对与政府关系的重要性的认识。最后，这样做可以帮助管理人员搞清楚一国的决策者与负责具体实施工作的下级官员之间存在的联系。

对政治制度进行分析所得出的最终成果是一份包括与企业制定政府关系战略有关的各类政治活动家的人名清单。每个国家都有自己独特的政治机构，具体来说则可以包括以下机构中的任何一个：

▼ **国家级的官员和监管机构**。找出对企业的投资和经营活动具有审批权的部委或者其他政府机构。尽量设想可能会出现怎样的问题，并建立战略联盟以缩短官僚化的办事程序。注重寻找一些非正式的关系。例如，外商投资可能是由某一中央委员会或者部门进行审查，而后者可能又要听取另一部委的意见，因为该部委对该国希望进口供当地企业使用的贵重原材料或者技术拥有管辖权。

▼ **地方官员和公务员**。在选举或者其他政治运动中，国家的决策者可能会落选或者被赶下台，导致企业失去业已建立的联系。因此，应该与那些可能在换届选举中留任的地方官员和公务员保持良好的关系。这些地方官员能够发挥重要的作用，例如签发建筑执照、获准利用政府服务、对操作规程作出解释并监督执行等。

▼ **国有企业**。国有企业很有可能是你方产品重要的采购者，或者是关键的原材料供应者、你方的竞争对手，又或者是战略伙伴。通常，这类企业在当地市场上占有垄断或者支配性地位，因此，了解这些企业与主流的政治或者官僚体系之间有着怎样的关系是非常重要的。

▼ **政客**。不管一国的大小如何或者处在怎样的发展水平上，政客们通常都握有重要的职权。那些不参选的政党领导人对候选人提名有发言权，而且可以充当企业争取自身利益的说客。如果可能的话，与目标国较大政党的政客们广交朋友，特别是在企业开展业务的过程中会经历换届选举时就更是如此了。但是在那些不是通过选举完成权力更替的国家，与不同执政党共同合作的战略可能会碰到一些问题。

▼ **工人领袖**。工人领袖有可能会成为重要的人物，特别是在他们具有重要

的政治影响力时。工会可能代表着一大批选民。当政府不愿就工作条件与他们继续进行对话时，工人领袖可能会带领工人制造经济骚乱。即便罢工等行动不会对你方的经营产生影响，一国局势的动荡也会给该国经济造成破坏，进而给民众的需求和购买力造成负面影响。

▼ **特殊利益集团**。特殊利益集团——比如行业协会、消费者团体以及环保主义者组织等——在各行各业都发挥着重要的作用。虽然说这些利益集团很可能并不属于正式的官方组织，但是他们在领导人的选举中通常起着举足轻重的作用。

忠告 ☞

在选择当地顾问或者中间人时，要当心那些自称有着广博政治人脉的人。这有四种可能：他们可能真的像他们所声称的那样，认识身居要职的朋友；他们也许只认识一些级别较低的官员；他们的朋友可能完全不对路；或者他们根本不认识政界的朋友。信任别人不是坏事，但是，首先要确认对方是值得信任的。

▼ **地缘政治**。边境关系会对一国与另一邻国或者所有邻国之间的贸易造成负面影响。因此，必须了解这些关系，并对可能出现的商机和问题做好准备。回顾一国的发展历史，就不难发现其面临的地缘政治关系，比如殖民时代的痕迹、战争联盟、经济贸易协定或联盟，以及宗教和文化联系等。成功打入一国市场后，很容易就可以将业务活动扩展到与其有着密切的地缘政治关系的另一个国家。从消极方面看，两个邻国之间的对立（比如希腊和土耳其）会给商业活动造成不可预见的严重破坏，并且导致外资所面临的经济环境恶化。

☐ 文化与社会价值

文化是可以代表某一群体的特征并作为该群体行动向导的一整套共同的价值观、立场和行为方式。在所有环境因素中，文化因素通常是最难以进行评估的。这是因为不同国家的文化有着巨大的差别，即便是对同一个国家来说，其文化也会随着经济的发展而改变。另外，即使企业管理人员可以了解一国的整体文化，认为可以将这些文化一概而论地应用到每一个人身上也是不理智的，因为每个个体都会有自己的见解和习惯。不过，即便如此，以下几个因素对于你确定商业战略来说仍然具有重要的意义。

■ **社会结构及其动态**。为了预测目标市场当地的管理人员以及工人将如何对各种知识和激励措施作出反应，了解该国在当前社会结构下通行的准则是非常重要的。清楚哪些关系可以将工人们团结在一起以及这种团结对于企业忠诚度会带来怎样的影响也是十分必要的。在很多国家，商业往来是建立在牢固的家庭关系之上的，这使得外人很难涉足他们的业务领域。

通常，可以通过下面三个连续统对社会结构及其动态进行分析：

▼ 个人主义和集体主义：以个人主义（以独立和自立为特征，典型代表如美国）为一极，以个人主义的对立面集体主义（以集体责任为特征，典型代表如日本）为另一极，对一国民众的普遍立场进行分析。

▼ 个体。指的是对各个单独的个体之间的关系结构和关系本质进行分析。其中等级制度（权力集中在少数人或者某个人手中）为一极，平均主义（权力在某个团体或者组织中进行水平分配）为另一极。

▼ 社会。以独裁统治（所有决策都是单方面做出的，从不正式征求他人意见）为一极，以民主统治（若干党派参与协商）为另一极，对社会内部不同势力之间的相互作用进行分析。

■ **时间观念**。不同文化的国家中的人们的时间观念有着很大的差别，如果对此没有充分准备，很可能会影响到人们的商业交往。例如，英国的企业管理者时间观念非常强，他们认为时间也是一种宝贵资源，必须认真对待。相反，泰国的企业管理人员则认为时间是非常充裕的，因此他们做事情的时候往往不够准时或者不太看重给合同施加一个最后期限的做法。这种态度上的天壤之别使得双方在就日程达成一致方面显得格外困难；对于那些不得不将在某个海外分公司生产的商品运送到其他国家和地区进行分销或销售的经理人员来说，这个问题就显得更加麻烦了。

■ **人性**。不同社会对人性，包括人的可变性的看法是不同的。这种看法往往源于宗教价值，而且会对管理人员有着重要意义。例如，如果社会的主流看法是人性本善，是值得信任的，那么管理人员的控制程度就可以相对宽松一点，监管力度相对小一些。与此相反，在一个认为人根本不可信的社会中，企业的组织结构往往是建立在专制统治、严密监督、严格控制的基础上的。在一个认为人性是可以转变的社会中，大力推广教育以及个人培训的管理层更有可能取得成功。

■ **宗教**。在大多数发展中国家和很多工业化国家中，宗教是一个主导型因素，它影响着政治、社会和经济生活的方方面面。宗教是影响人们对社会结构和人性的看法的重要因素，它的影响在工厂和当地市场都可以感受得到。假期的安排、人们的道德观念、在工厂以及与工作有关的娱乐场所的一举一动都会受到大多数员工所信奉的宗教的影响。在考量消费者的偏好、制定营销计划的时候，也必须要考虑到宗教因素。由于人们宗教信仰的缘故，某些市场对某些产品——比如酒类制品和猪肉——的需求微乎其微。另一方面，那些专门提供用于宗教活动的产品——比如专门制作的食品或者礼品——的企业，则存在着一定的商机。

■ **性别角色**。女性在社会、工作场合以及市场中的作用是不断变化的。要了解每个目标市场在女性接受教育以及走出家门参加工作方面的主流做法和趋势。女性很可能是家庭用品的一个重要消费市场，也可能是潜在的劳动力大军。但是另一方面，了解该国基于性别的职责分工也是很必要的。

■ **语言**。不同国家之间以及一国内部的不同地区之间在文化方面的差别，最明显的表现就是人们所使用的语言不同。在进军新的海外市场时，语言不通是经理们面临的一个巨大挑战。作为一种交流手段，语言不仅仅指口语和书面文字，而且包括人们的表达方式、语境以及非语言信号（即"肢体语言"）。即便是在同一个国家，也可能同时使用几种不同的语言。比如，印度就通行十几种语言，方言更是多达上百种。非洲有上百种部落语言，其中至少有 50 种语言被超过上百万的人口使用。除了公司内部要在准确顺畅、不冒犯他人的前提下交流外，管理层还必须制定相应的方案，按照当地人能够理解的方式设计、翻译、音译并再三检查企业或者产品的名称、宣传语、广告战略。

注意事项 ☞

有些国家，比如法国，对于可能受到语言影响的所有事项，从包装到广告，从广播到电视节目，都制定了严格的法律规定。其他一些国家，比如越南或者马来西亚，常常将外国企业以及它们的广告活动看作是"文化犯罪"。为了避免陷入不必要的法律和财务纠纷，事先必须将这些问题考虑进去。

☐ 人口统计学特征

在撰写商业计划书时，要始终关注每个目标国家的人口统计学特征，并定期检查那些决定人口统计学特征的发展趋势和动态变化的因素，这些趋势和变化或许昭示着你需要对计划书作出相应的修改。人口统计学特征包括人口增长情况、年龄结构、健康状况以及迁移趋势。这些因素中的每一个都会影响到可供企业利用的劳动力资源，同时也会影响到企业的营销战略。有研究显示，一个国家的人口统计学特征与其整体经济发展水平之间有着显著的关系。比如，人口统计学特征可以为我们提供以下信息：

■ **人口出生率**。人口出生率下降说明经济发展渐趋成熟；高出生率则表明该国是一个发展中国家，这给处在饱和市场中的企业提供了机会，有可能开发新的客户群。

■ **青年人口**。青年人口所占的比例高说明该国为欠发达国家，人们的寿命较短，属于不成熟但是可以接受培训的劳动力。

■ **人均收入**。人口的快速增长并不一定与人均收入的增长相关，人均收入的增长速度通常比消费者数量的增速要慢一些。因此，在人口增长率高的国家和地区，对基本消费品的需求要比对奢侈品的需求更大。

■ **动荡**。如果一个国家缺乏为新出生的人口提供住房和受教育机会的基础设施和财政资源，那么人口的高速增长可能会成为社会和政治动荡的先兆。

■ **迁移**。由于发展中国家一般都缺乏支持城市地区发展所需要的财力、人力和制度条件，人口向城市的迁移可能会给政府决策人员带来基础设施不足的问题，这反过来增加希望在城市地区开展业务的企业的经营成本。

■ **城市**。城市的迁移可能使得某个较小区域内的市场需求增加。如果与广告、交通运输、仓储、销售相配套的基础设施比较完备的话，这种需求的增加对于企业进军新的市场是非常宝贵的。

■ **移民**。移民趋势以及移民政策可以反映出一国受过良好教育的国民是否正在前往其他经济体寻找机会（即所谓的人才流失），这将会影响到当地人员和科研人员的整体水平。

▉ 问题 2：外国市场进入战略

在撰写国际商业计划书的过程中，你需要清楚在进军外国市场时，可供采用的各种战略工具。进入战略范围很广，从简单的直接出口在海外市场进行销售，到在他国进行投资设立分公司不等。针对不同国家可以采取不同的战略，甚至在同一个国家内部，也可以采用两种甚至更多战略。但不管怎样，为企业的分公司——如果有的话——选址是进入战略的一个必不可少的组成部分。

□ 主要的市场进入战略

在可供利用的市场进入战略中，以下几种最为常见。

■ **直接出口销售**。进入某个海外市场最简单的方式就是从该市场之外的其他地方——通常是已建立的区域性总部或者是母公司所在国的总部——出口商品到该市场，然后进行销售。这种方式避免了在当地设立分公司或者兼并当地企业的成本，而且可以毫不延迟地进行推广与促销活动。通过很少的投资，企业就可以判断出是否需要进行更大的投资。但是，在这种战略下，企业在当地市场没有运营机构。因此，企业必须找到合适的战略定位，理解并且满足一个遥远的市场的需求，此外还要保证能够及时将产品运送到市场上，为客户提供让他们满意的服务。企业或许会需要一名业务代表，但是不容忽视的一点是，根据当地的法律法规，在那里聘请和解雇员工都是一项非常复杂的工作。

■ **战略联盟**。战略联盟是具有共同利益的两个或者两个以上的企业为了实现共同的目标或者目的而达成的一种协作关系。在结成战略联盟的过程中，合作各方通过提供特定的财务、技术、工艺以及管理等资源，共同分担项目所带来的风险。结成联盟的可以是在技术或者资源方面互补的两家或者更多企业，也可以是两个或者两个以上有着相同的资源，但是希望通过联合形成规模经济的竞争对手。

战略联盟可以采取非股权安排的形式，也可以采取股权安排的形式。非股权形式的战略联盟的成员本质上是合约关系。这方面的例子包括项目开发（各方共同出资研发一种新的产品，然后各个出资方均有权使用该产品）、特许协议、分销和销售协议等。相反，采取股权安排形式的战略联盟的成员之间的关系更加正式，通常需要组建企业实体，投入大量的资本、技术和管理资源。最常见的股权安排式的战略联盟是合营企业，即根据各方同意的商业计划建立一个独立的商业实体（有限公司或合伙企业）。在发展中国家，合营企业通常是外商投资的首选形式。在其他一些国家，合营企业是某些商业部门唯一可选的联盟方式。

■ **新的外资企业**。在海外目标市场找不到合适的战略合作伙伴时，企业可能会选择通过成立一家新的实体（比如分公司或者是在当地的全资子公司）来进入这个市场。除非企业对当地市场非常熟悉，并且能请到合格的人才来帮助管理当地公司，否则成立新企业可能会需要投入巨资，而且风险极高。有些国家还会限制外资对当地企业的持股比例。

■ **外商投资及并购**。企业可以通过收购当地现有企业的股权或者完全将后者纳入自己旗下的方式来进入海外市场，至少在外资参股不受限制的地区是绝对可以这样做的。所有者权益可以带来比战略联盟更紧密的关系，与其他进入战略比较起来，这种方式赋予该企业对海外公司的日常经营活动和目标更大的控制权。但是，这种战略也要求企业投入大量的资金和其他资源。至于最后能否成功，则很可能取决于企业是否有能力留住关键的当地员工，以及能否继续利用当地企业在被收购之前所建立起来的声誉和各种关系。企业在通过战略联盟方式进入目标市场之后，可能会谋求进行投资或者企业兼并。

进入战略以及选择这一战略的原因、可以预期的问题以及相应的解决方案，这些要素结合在一起，构成了国际商业计划书的一个重要组成部分。不管是投资人、财务顾问还是信贷员都会审查你方选定的市场进入战略，并且评估你方在多大程度上与在目标市场做生意的最佳方式相匹配。计划书中必须列明开展业务所需的流程、保护和鼓励企业进行投资的适宜方式、进入市场期望实现的目标以及如何衡量目标实现程度。

□ 为什么选择某个战略

你必须要使得阅读你的商业计划书的人相信，你所选择的战略最有可能帮助你们实现既定的目标。相应的，回答在评估潜在进入战略时通常会提出来的如下问题。

■ 你方希望对海外的业务活动享有多大的控制权？

通过在海外设立办事处或者分公司，或者获取海外已有企业控制权，企业可以实现对海外业务活动最大限度的控制，不必与当地合作伙伴就权力分配进行讨价还价。相反，企业从特许经营或者销售许可协议中所能够获得的控制权非常有限，因为企业必须依靠合同条款的效力、当地合作伙伴的积极性和能力来履行自己的职责。合资企业带给企业的控制权居中，在这种模式下，企业可以向当地企业派驻自己的管理人员，但是与此同时在作出重大经营决策的时候也必须要征得合伙人的同意。

■ 你方将作出怎样的投资承诺？

如果在进入新的海外市场时，你方企业愿意而且有能力作出大手笔投资，那么你需要考虑是成立一个新的海外分公司，还是收购当地现有企业的股权。无论采取哪种方式，企业都需要购买它自己的工作人员可以控制和管理的商业资产。如果市场对企业此前通过许可经营或者分销协定方式提供的产品反映良好，并且市场需求在可以预见的未来将保持强劲态势的话，这种投资是非常划算的。

■ 你方是否可以信赖外方工作人员的能力和企业忠诚度？

不管是在何种形式的战略联盟中，一个很关键的问题就是需要依赖第三方人员，特别是距离遥远甚至是跨越国界的第三方人员。分销和加工协定以及合资企业都不可避免地会导致企业依赖外方人员，以完成在建立联盟关系之初所商定好的目标。因为外方员工最初很可能是忠于他们自己的老板的，所以你可能会发现他们花费了更多的时间在其他项目上，而这些项目与他们手头上的工作毫无关系。与此形成对照的是，出口后直接销售战略以及建立全资子公司的方式可以将企业对外方工作人员的依赖度降到最低。

■ 你方能否独自处理政治关系？

和在当地寻找一个商业伙伴进行合作相比，"单独行动"战略可能会导致你方暴露在政治风险之中。当目标市场国内出现政治骚乱或者政权更迭时，外国投资者会发现自己的财产面临着被没收的危险。但是如果这些财产是事先经政府批准成立的合资企业的一部分，那么就可以避免遭受重大财产损失。当政治环境看起来不够稳定时，结成战略联盟可能是一种更明智的做法。另一方面，政局不稳也可能意味着今天还很融洽的战略伙伴关系，明天就会变了味道。因此，要永远支持当地合作伙伴对突发事件所做的安排，以保护企业财产不受损失。

■ 机遇是否大于风险？

在确定你方战略的时候，应该权衡一下所带来的机遇和风险。最常提到的优势是可以利用新的技术、降低成本以及获得学习的机会。虽然企业完全可以开发出自己的专利技术——这可以很好地保护和控制企业的专利、商业秘密、工艺、技术诀窍以及其他知识产权——但是这种进入战略需要大笔的投资。另一方面，结成战略联盟或许是获取新技术、遵守当地法律法规、利用现有分销渠道的一种更快捷、成本也更低廉的方式。反过来，这种方式可以将企业节约下来的资金和其他资源投资到其他项目中，例如，将和结成战略联盟的伙伴们共同开发的技术应用到企业自己的产品中去。

是否可以找到一种方法，既利用了战略联盟所带来的研发优势以及成本节约，又可以降低你的投资遭受损失的风险？如果你预计将业务扩展到海外市场，可以使得企业从低工资劳动力、廉价原材料以及共享基础设施中受益的话，你是否愿意将节约下来的资金用于在海外建立一个新的实体？

当来自不同社会和文化背景的人们聚集在一起时，你方企业是否认识到并且确实采取了相应措施以从可能出现的商机中受益？是否降低了沟通不畅甚至互相误解的风险？作为你的计划书的一个组成部分，你可能还需要制定培训方案，以及对研发活动、生产、预算等问题进行监控。

建立紧密联盟的 10 个小技巧

在评估和选择战略联盟或者合资经营的伙伴时，按照下面列出的几个要点逐一比较各个候选对象。能否顺利完成建立战略联盟的谈判，以及联盟日后能否持续发挥作用，很有可能取决于以下因素的力量的综合：

1. **适应性**。潜在合作伙伴在规模、结构以及企业文化等方面必须能够与你方相适应。最理想的情况是，联盟各方以前曾经有过成功合作的记录。

2. **技能与资源**。潜在合作伙伴的重要技能与资源必须能够与你方的技能和资源互相补充。例如，如果你方希望利用当地合作伙伴现有的关系打入当地市场，那么你方应该对合作伙伴将产品迅速推向市场的能力，而不是其新产品的研发能力进行评估。

3. **管理团队**。潜在合作伙伴应该具备所需的管理人员，以便为联盟提供必要的协助，在合作伙伴负有主要责任的地区尤其应该如此。

4. **设施与支持**。虽然战略联盟通常是作为一个完全独立的实体进行运营，但是，拥有一个愿意并且能够为部分合作活动提供设施和行政支持的伙伴，将令你方受益匪浅。

5. **对政府的举动以及监管要求的敏锐嗅觉**。潜在合作伙伴必须具有与当地政府官员打交道的技巧和经验，当你方的产品或者服务要受到规章制度的监管时尤其如此。有些政府甚至掌控着当地的分销渠道。

6. **财力**。潜在合作伙伴必须具有足够的财力，以便促进战略联盟目标的实现，对任何因合作而采取的举措提供支持。

7. **声誉**。战略联盟，特别是合资企业，是一种"看得见"的商业合作关系。所有合作伙伴应该在产品质量、道德准则以及客户服务方面建立起良好的市场声誉。

8. **承诺**。潜在合作伙伴在就建立战略联盟进行评估和谈判过程中，应该表示出诚意以及渴望与他方建立联盟的愿景。联盟各方应该努力消除分歧，愿意适当做出让步，并且给人以值得信赖和尊重的感觉。

9. **互惠互利**。从本质上说，建立战略联盟的目的是进一步提升合作各方的商业目标，并且在它们之间建立一种长期的协作关系。一方应该向另一方提供旨在维持这种战略关系的激励措施。如果一方从建立联盟中获取了较大的收益，那么应该向另一方提供切实的好处，以维持对方对合作的兴趣以及尽职尽责地推动联盟成功建立。

10. **明确职责**。合作各方应该同意明确划分职责，并尊重各自管理团队的权限。有研究表明，在最成功的战略联盟中，都有一个保证商业计划书得以实施、负责日常经营活动的强势领导者，但是主要决策必须经各方同意后才能做出。在这种情况下，必须在合作伙伴之间建立一个交流机制，以保证必要的信息，比如日常的业务和财务报告等，能够顺畅地流动。

□ 战略的实施

一个没有实施计划的战略通常不过是纸上谈兵。因此，应逐一确定企业已经采取了哪些举措，还需要采取什么样的行动。如果你方决定建立一个战略联盟，那么企业是否成立了一个专门的管理团队，负责评估和选定合作伙伴？企业是否和潜在合作伙伴进行过谈判？是否对企业自身的组织结构进行了分析，以找出内部的问题和不足？例如，如果企业在供应链或者客户服务方面存在问题，那么这些问题最好在联盟正式建立之前得到解决。

在战略的实施过程中，既要制定短期规划，也要制定长期规划。立竿见影的需求和行动固然是非常重要的，但是进入海外市场会带来长期的效应，甚至可能会影响到你方在其他市场上长期的生存和发展目标。特别需要注意的是，管理层还必须考虑到建立战略联盟会给企业的整体运营规划带来怎样的影响和支持。如果该战略联盟与企业的核心战略没有太强的直接关系，那么就需要进一步考虑是否需要将资源用在建立战略联盟上。另外，未雨绸缪有助于避免联盟破裂而带来的灾难性影响。

事先进行周密的计划，对于最大限度地提高企业成功进入目标市场的几率是至关重要的。事实上，针对评估和实施某一市场进入战略需要立即采取的行动"预先"制定一份商业计划书，是非常明智的一种做法。比较理想的情况是，企业在开始有关市场进入活动之前做好计划。当然，你也可以先采取一些初步的举措，但是要时刻牢记你需要做的第一件事就是完成一个明确的计划书。这里所说的计划书中需要考虑会影响到对企业与当地合作伙伴、政府官员、管理层和其他员工、供应商以及可能涉及的其他各方之间的关系的评估和考量的不同社会、文化背景。

计划书中还应该包括绩效考评系统和进度追踪机制。商业计划书中经常会用到的一些重要考量指标有：产品研发的截止期限、生产率指标或者预期收入。但是，考量基准有时候也会起到负面作用，最好是将它作为了解战略联盟实际作用效果的一种手段，或者如果必要的话，在联盟逐渐发展成熟之后作为调整各方预期的一种依据。

□ 选址

在明确了企业在国际舞台上所具有的优势和劣势之后，就要考虑企业建厂或者开展其他业务活动的选址问题了。这个过程包括对诸如以下一些因素的分析：

■ **一般管理费用**。要考虑你方自己的一般管理费用及相关要求，以及企业的经营活动是否可以轻而易举地转移或者拓展到目标市场。

■ **补充作用**。海外目标市场是否有利于而不是阻碍产品和信息的内部流动。

■ **目的与风险**。企业进军海外市场的目的是什么，这样做所创造的机遇是否大于面临的风险。例如，如果你的目标是在一个新的市场上销售现有产品，那么就要重点关注那些对你的产品最感兴趣的国家。如果你的目标是追求较低的生产成本，那么所选定国家对于现有产品的需求可能只是一个次要的考虑因素。

- **竞争**。行业偏好以及直接竞争对手的活动。
- **法律**。当地会影响到你方业务的法律法规。
- **基础设施**。指当地可以为企业的生产经营活动提供支持的基础设施，包括可供利用的公共设施、交通运输条件、熟练的劳动力以及必要的设备等。

■ 问题 3：国际金融问题

除了为企业的发展描绘出了一幅路线图外，你所撰写的商业计划书还可能是提供给潜在金融机构和投资者的公开文件。因此，你可能需要请教金融专家，请他们帮助你对计划书中的这一部分内容进行构思和分析。会计师和公司金融方面的专家们可以就评估金融风险和收益时需要考虑的因素、你的商业计划书对投资者的吸引力、预期目标的合理性、需要遵守的政府监管要求（比如保密性要求和信息披露发布）等提供很好的建议。

注意事项 🖎

事先为你的全球扩张活动做好金融方面的规划是非常重要的。在国际舞台上，市场的规模、人们的生活水平、技术水平、基础设施、教育水平、文化以及诸如此类的其他因素存在着很大的差异，而所有这些因素都可以成为企业金融潜力的重要指标。你的商业计划书应该将所有这些因素都找出来，并且预测一下企业应该采取哪些行动、进行哪些投资，以保证它可以很好地适应目标市场。

□ 盈利能力评估

收入可以支付各种费用以维持企业的运营，而利润则可以提升企业的价值。在绝大多数情况下，资本以及其他资源都是非常稀缺的，只有在收益证明值得承担风险时，才可以将它们投入到新市场的开拓中。投资者和管理层必须对商业计划的盈利能力进行仔细的评估。

选择适当的市场进入战略可以提高商业计划的可获利水平。赢得客户可能是一件代价不菲的事情，因此在选择市场进入战略时，必须考虑到成本问题。对盈利能力的追求可能会导致牺牲其他目标，比如在国外市场的自主管理权。虽然企业可能更愿意在当地市场建立自己的机构以享有更大的控制权，但是和与一家为了开展营销活动已经投入必要的管理费用的当地分销商建立战略联盟比较起来，前一种做法需要付出的成本有点太高了。

需要牢记的一点是，国际化经营可以立即提高企业在国内市场的获利能力，即便在其他市场上的销售活动是由其他企业完成的，也是如此。通过将原本成本高昂的生产活动外包给成本较低的国家，企业可以节省一部分成本，并且在国内市场上获得一定的竞争优势。实际上，对于很多企业来说，其第一份国际商业计划书应该将重点放在降低生产、原材料采购以及产品研发等的成本上。

□ 市场规模

就投资而言，除非企业面临的商业机会高达几十亿欧元（美元、日元等），否则，很多融资机构都不愿意为企业提供融资。即便资金不是一个主要问题，作为一个商人，他也必须考虑是否有必要花费时间和精力进入一个风险明显高于机会的小型外国市场。如果市场规模很小，那么事先做一个规划就显得非常重要了。

商业计划书的重点应该放在进军新的海外市场的获利机会以及间接收益上。如果可以在当地找到廉价的供应商或者经销商，那么即便是在很小的市场上，你依然可以发现诱人的获利机会。你还可以利用当地现有的销售渠道，从而减少自己的投资。关键的一点是，如果这个市场对你的产品有需求，那么单凭市场规模太小这一点，你不应该放弃考虑进入一个新市场。如果一个市场的潜在销售收入只有 1 000 万美元，但是进入者可以获得稳定的利润，而且面临的竞争很小，那么该市场至少可以与一个大型市场相提并论。在规模较大的市场上，你毫无疑问会遭遇无数竞争对手，因此可能不得不采取降价促销的手段。

小提示 ☞

不管你是否相信，对于衡量企业的获利能力来说，市场规模是一个很有欺骗性的指标。诚然，有些投资者确实坚持要找一个金额达数亿美元的商业计划书。但是，他们通常受一些你无法掌控的因素驱动，其中包括真正的出资人要求在一个既定的时间期限内获得一定的投资回报的压力。在评估市场规模的时候，不必过于焦虑能否找到国际资金提供者这个问题，特别是在这些人给你设定了一个对于实现业务扩张不切实际的时间表时就更是如此。很有可能的是，当地一些融资机构可能愿意为你提供小额的资金，并且与你合作制定一个合理的商业扩展计划。

□ 切合实际的预测

正如市场规模在撰写商业计划书的过程中会被夸大一样，管理人员通常觉得需要预测自己在很短的时间之内就可以抢占巨大的市场份额。但这是一个很糟糕的做法，因为阅读商业计划书的人会觉得你的预测是不切实际的，并且有可能因此而怀疑商业计划书的其他内容。对商业计划书持怀疑态度的人会说："即便你有很强的竞争优势，也不代表80％的人就会购买你的产品。"因此，在计划书中应该对你所给出的关于财务指标的预测提供支持依据，这包括：

■ **可实现目标**。计划书中应该设定合理的可以在接下来的几年里实现以及维持的发展目标。

■ **预测**。应该预测每一种产品或者服务的销售目标，逐一列出成本、售价以及利润率。

■ **期限**。第一年，应该逐月列出预期的销售目标。

■ **可变因素**。应该考虑到预期的趋势、季节因素、周期以及该国具有竞争力的因素的变化，其中很多计划肯定会影响到你方在将来的12～18个月里的市场份额。

小提示 ☞

如果你每个月的销售数字都是一样的，那么你的计划书将会受到置疑。即便你对一年内每个月的数字作了微调，而且也考虑到了逐年增长的问题，也不要仅仅是填上一些数字就敷衍了事。一定要做调研，并且说明你的预期发生变化的原因。

■ **市场**。计划书中应该对市场、有竞争力的产品以及可供利用的技术等作出界定和定义，从而对你方的盈利机会做出准确的评估。

注意事项 ☞

假设你负责管理一家销售财会软件的公司。可以使用这种软件的家庭数量巨大，但是这并不等于会购买这种产品的家庭的数量。后一个数字要小得多，因为你必须把那些因为没有计算机硬件或者不具备会计知识而采用手工记账的家庭排除在外。另外，你还必须把那些账务简单、没有必要为少量的记账和分类工作而购买电脑的家庭排除在外。

- **阅读计划书的人**。计划书必须为特定的读者提供它们所需要的信息。对投资者来说，通常的做法是对预期收益和支出做一个简要的说明。对企业管理人员来说，最好是提供详细的发展预期以及历史财务信息，以便他们能够监控企业的运营。

- **准确性**。诚实为本。即便你凭借糟糕的调研或者虚夸的数字拿到了所需要的资金，当企业无法实现当初进行投资时所承诺的那个不切实际的目标时，所有的问题也会马上暴露出来。

☐ 对投资进行评估

作为提交给投资者的一份材料，商业计划书需要说明一下项目的总规模。即便计划书并不会用来筹资，也必须写明实施战略所需要的资金数额，当然，除此之外还必须给出可能的非投资性资金来源（比如现有储备、政府为出口活动提供的资助、商业贷款人以及从目前的经营中得到的运营资本等）。商业计划书中还应该单列一部分，详细说明为了达到企业目标所需的资本支出，其中包括购买设备、支付工资、加盟费以及其他支出。

计划书中列出的资本需求应该能够体现你所作的财务预测，说明什么时候需要资金到位。如果财务预测显示资金缺口为 100 万美元，那么你就要寻找等额的资金——不能是 10 万美元也不必是 1 000 万美元。关于资金的预期使用，也应该尽可能写得详细一点。你写得越具体，投资者和其他经理人就会越舒服，会感觉他们的资金得到了有效的利用。你没必要具体到每一美元，但是细化到 1 万美元是大家的一个期望。

忠告 ☞

在寻找融资时，管理人员就像是在走一条"要么太多要么太少"的钢丝。在做了切实的预测之后，通常最佳的做法就是宁可出错也要选择"太多"的融资途径。这一选择使得管理人员避免了在项目启动之后，再回头来寻找其他资金来源的尴尬。毕竟，在这个阶段寻找资金支持，除了让人觉得卑微之外，还会导致管理人员在关键时刻无法专注于核心业务。手里有钱却不花略强于想要花钱却没有。但是即便如此，也应该尽量贴近实际。

风险投资人希望从计划书中了解什么？

作为一名投资银行家，每年我要审核上千个投资计划。在这个过程中，我会问五个问题，其中只有很少的计划书给出了正确的答案。

1. 我能得到多少？

- 有哪些机会？

- 市场有多大？

- 基本商业模式是什么？

- 可持续的"不公平"的竞争优势是什么？

- 企业能够发展到多大的规模？

- 要想实现预期目标，需要占有多大的市场份额？

- 我可以拥有多少？

2. 我会失去多少？

- 如果无法实现目标怎么办？

- 我还要投入多少资金？

- 如何控制烧钱行为（企业正式运营之前一般管理费用的支出）？

- 投资结构如何？

- 我是否能够得到足够的投票权或者董事会职位，从而对我的投资产生影响？

- 是否可以将企业"变现"？

3. 如何收回我的投资？

- 投资时间段是什么？

- 企业进行 IPO 是切实可行的吗？如果可以的话，什么时候进行 IPO？

- 有没有明确的战略性买方？

4. 还有谁参与到这笔交易中？

- 企业家投入了多少资金？

- 有没有其他风险投资人？

- 有没有战略投资人？

- 企业和银行之间是什么关系？

- 企业的咨询顾问是谁？律师是谁？会计师是谁？

5. 谁可以证明你有实力？

- 管理团队到位了吗？

- 这个团队是否有成功创业的经验？

- 管理团队能否创办该企业？

- 有没有不切合实际的创始人？
- 企业的营销力量怎么样？
- 管理人员的"需求"是什么？如何满足他们的需求？
- 如果需要的话，更换管理人员的难易程度如何？

盖瑞·谢尔兹

金融分析师，Avtech 风险投资公司合伙人

问题4：法律法规问题

企业经营活动要受到政府规章制度的约束。这些规章制度还带来了法律责任和法律义务的问题。一个国家或者地区的法律法规通常会对企业的经营模式产生最直接的影响。当企业进行国际化经营时，每进入一个国家或者地区都会面临一套全新的法律法规的制约。在这个过程中，虽然也会受到一些国际性条约的监管，但是适用的大部分法律仍属于国内法的范畴。企业一旦走出国门，进入另一个国家的市场，就会受到该国有关进口、出口、劳动力、移民、投资、证券发行与交易、企业经营、合同、销售、产品标签、知识产权、环境、运输等方面的法律约束。

在为商业计划书作准备的开始阶段，你可以向他人寻求法律帮助。从你所在国国内，甚至是从你公司内部的法律顾问中挑选一名熟悉国际商务、了解国际商法和各国文化的律师。企业所在国的律师通常不能就与他国法律有关的问题直接给出建议，但是他们可以帮你从目标市场所在国当地的法律顾问那里得到你想要的答案。在计划书的启动阶段，就你可能遇到的法律问题、面临哪些规章制度、需要承担什么义务等问题咨询律师的意见，同时你还应该了解为了解决诸如此类的问题，你应该怎么做，大概需要花费多少时间、多少成本。

虽然你希望将计划书中最诱人的一面呈现给未来的投资者，但你仍然要将需处理和克服的法律障碍完整、明确地提出来。例如，你可能需要取得政府的批准、遵守当地严苛的劳工法、保护企业的技术转移，以及为避免承担法律责任，就消费者信息泄漏事宜应该如何处理做出说明。另外，计划书中还应该指出企业为遵纪守法付出了哪些成本、由此会给企业正式运营时间表造成的延迟程度，以及在不能及时甚至最后无法取得政府批准的情况下，应该采取什么样的备选方案。

国际商法始终在不断调整和变化。通常，在国际商务活动中，一国政府所制定的法律其目的要么是为了鼓励外商投资，要么是为了保护本国企业。因此，法律法规会根据市场需要的变化而调整，这必然导致法律法规是灵活多变的。经验丰富的国际商务从业人员都很清楚，法律可变通的程度直接与投资规模的大小成比例。大玩家总是可以得到比较满意的结果。因此，对于小公司来说，最好是与那些可以将他们的规模扩大的大企业联盟。

□ 法律法规的适用范围

你方在海外市场上的以下经营活动很有可能会受到当地法律法规的制约：

■ **商业活动**。指对许可证、分销、生产与销售协定、合资企业、一般契约关系、产品销售合同、破产、托收以及债权—债务关系等的监管。

■ **企业**。包括公司、协会、合伙企业、有限公司的创办、企业并购、企业的出售与解体等。

■ **消费者权利**。指对产品质量、消费者服务、伪劣产品、责任担保、产品性能保证、欺骗性产品标签或者广告、欺诈性交易、不平等贸易、竞争和保护等的监管。

■ **环境**。指对污水处理、环保包装、水、噪音、土壤、质量标准以及自然资源开发等的监管。

■ **进口/出口**。对跨境运输的监管。

■ **投资与银行业务**。与证券发行、资本市场、外国公司参与投资、银行业务、贷款、授信业务、货币以及外汇风险等有关的法律法规。

■ **劳工与就业**。包括聘用与解雇员工、加入工会、独立销售代表、工作场所安全与健康等方面有关的法律法规。

■ **生产与制造**。对产品标准、机器设备与生产标准、安全卫生标准、研发激励机制以及政府测试等的监管。

■ **产权**。对所有权、不动产销售和许可、有形资产和知识产权（商标、专利、配方、商业机密等）的监管。

■ **税收**。有关所得税、销售税、养老金、福利计划以及进出口税费等的法律法规。

□ 谈判策略

企业在与一个新的海外市场的政府机构打交道时，可能需要从以下策略中选择适合自己的策略。为进入一个新的市场而撰写商业计划书时，企业应明确其首选策略，并且围绕这一策略相应地组织资源。可供选择的策略包括：

■ **豁免或免责**。企业可通过要求短期豁免或免责，尽力改变或者调整政府政策对自己的影响。例如，如果企业发现遵守当地市场的要求可能会对其生产的产品质量造成严重负面影响，那么企业可以尽量拖延遵守当地政府规定的时间。

■ **改变经营模式或者业务范围**。企业可以通过改变经营模式或者业务范围来彻底规避政府的监管。例如，如果企业的某种产品在海外市场上的定价要受到当地政府的控制，那么该企业可以转而生产其他价格不受管制的产品。同样，企业还可以通过签订管理合同的方式规避政府对外商直接投资的限制。

■ **调整商业计划以符合要求**。急欲进入一个具有广阔前景的市场的企业，或者缺乏足够的实力来争取豁免权或免责的企业，可以通过简单地调整其商业计划来满足政府的要求。例如，企业为了进入当地市场，可能会同意接受严格的外汇管制措施。再比如，为享受只有当地企业占据较大股权的企业才能享受到的政府激励措施带来的收益，企业可以选择与当地一家公司合作建立合资企业。

■ **组建战略联盟**。企业还可以选择建立战略联盟。例如，企业可通过与有实力的当地企业建立业务往来关系来避开政府的干预。联盟可以采取合资企业的形式，也可以通过合同约定选择当地企业作为企业的重要消费客户或者供货商。另外一种可供选择的策略是，聘请在当地有一定影响力的领导者，让他们进入董事会或者提供咨询服务。

□ 经营问题

管理人员必须意识到，在每个海外市场上，与当地政府官员及相关政治人物保持良好的关系是一个非常关键的问题，要做到这一点必须有恰当的交流策略，并且可能会要求对企业的组织结构做出调整。必须投入一定的时间和精力明确应当和政府部门建立怎样的关系，确定并涵养适当的沟通渠道和沟通流程，从而使得从政府部门获知的信息可以有效地传达给企业各个部门。

■ **沟通渠道**。企业应该与当地政治人物建立各种正式或者非正式的沟通渠道。管理层应该积极参与与政府部门的沟通。在这个过程中，一定要满足各个部委或者官僚机构提出的要求企业进行汇报、与相关人员面谈的要求。

此外，还应该与正式的政治圈之外的各界人士建立一定的关系。通常，可以让这些人充当与政府官员沟通的媒介；此外，这种安排可以作为一种"预警"机制，用来避免政策突然转变给企业带来灾难性后果。

任何沟通策略的主要目的都是从政府或者其他政治组织那里收集相关的信息，但是除此之外企业还必须将这些沟通渠道看作是其公关策略的一部分。比如，在适当情况下，可以利用与政府官员会面的机会，向他们推介企业的发展规划，届时自己可能会碰到哪些问题，这些问题可能会给当地经济带来怎样的负面效应。如果政府希望保证企业在该国的生存和发展，那么他们就会在这些问题严重到被正式提出之前认真将它们解决掉。此外，与企业共享信息可以增强企业与政客们对彼此的信任，并且为政客们巩固自己的地位提供了坚实的基础。

忠告 🖝

在海外市场开展业务时，必须避免与任何政党或者政治派别走得过近。今天的执政党明天可能会和你的投资一起消失。

■ **组织问题**。随着企业不断发展壮大，进入越来越多的海外市场，企业应该设立一个行之有效的组织机构来处理与各国政府的关系问题。有关当地政府一举一动的资讯对于企业内部的所有职能部门来说都是至关重要的。因此，必须为这类信息的搜集和传递提供额外的资金支持。

重大问题，比如市场进入战略的选择，必须由企业的最高管理层做出决策。一旦这些重大问题有了答案，每个经理和部门主管就要负责与企业战略实施过程中所需要的关键政客们建立并维系好关系。也就是说，每个经理必须负责解决一项政府关系难题。虽然企业可以成立一个中央小组来协助管理人员搜集和分析相关资讯，帮助他们制定与当地政府建立关系的具体战略，但是该部门的职责仅限于提供支持。最适宜处理企业与政府之间的关系的，仍然是负责企业日常运营的当地经理们。

"当地"机构在处理和政府的关系方面，普遍采用以下几种做法。比如，企业可以采取相对集中的方式，确定一个统一的谈判立场，然后由企业在各国的地区经理遵照执行。这种方法适用于那些拥有价值含量较高的技术资源的企业，因为他们可能具有足够的实力迫使政府同意他们的诉求，修改当前的监管要求。这一做法的另外一种变体是企业总部为与外国政府的谈判规定统一的立场，但是允许地区经理在实际工作中保留一定的灵活性。最后一种做法则是，建立和维系与政府的关系的工作由当地公司的经理负责，但前提是他们必须积极并且定期与其他国家的地区经理们分享有关其谈判结果的信息，以便确定并贯彻协调一致的谈判立场。这种策略对于真正实现了国际化经营的企业来说十分有效，因为它有助于共享其他市场的信息——这些信息可能会对市场的竞争状况产生影响。

■ **腐败**。虽然策略与沟通非常重要，但是除此之外管理人员还必须密切关注海外市场上腐败可能带来的风险。有些政府官员收入低，工作任务繁重，因此为了加快业务办理速度、确保审批会被通过或者得到需要的服务，你可能需要向他们赠送一些"礼品"。但是这样的做法通常是为你们国家以及当地国家的法律所禁止的。换句话说，企业可能面临着两套反腐法律的制约。即便对方国家的法律力度较小或者根本不存在，你方企业中那些越过法律界限的管理者们也很有可能会因为本国法律的限制而给你方带来麻烦。因此，管理人员必须时刻做好应对腐败问题的准备，以保证企业与政府的关系不会发生混乱。对此，建议企业制定一套道德行为规范，并对有关人员和与此相关的人员进行培训。拒绝行贿并不必然会导致你的项目被搁浅。更可能出现的结果是，在要求收受贿赂的官员们意识到企业不会行贿之前，项目的进程会比较拖拉。但是，如果该官员坚持要收受礼物，那么企业就必须为项目彻底流产做好准备。

忠告 👉

律师可以为那些希望将业务扩展到海外市场的企业提供宝贵的服务。随着越来越多的国家加入 WTO，企业开始在一个比较类似的司法环境下经营。但是，目前还远远没有达到所有法律环境都完全一致的程度。在企业运营更多的是基于"关系"而不是遵循书面合同约束的国家和地区，就更是如此了。在凡事讲究关系的国家，律师出现在谈判桌上会被看作是不信任对方的表现。你的律师可以随时向你提供建议，但是应该尽可能地淡化他们的"司法"身份。要注意的一点是，某些发展中国家甚至不允许外国律师对他们的法律发表看法。因此，在进入新的市场之前，进行一些调研会让你受益匪浅。

第5章

组建工作团队

在推动人类进步方面，个人的贡献甚至超过了集体的智慧。

——伊戈尔·西科尔斯基

　　在准备国际商业计划书的过程中，你需要吸取很多人的经验和智慧。在本章中，我们会简单介绍一下所有可能参与到你公司国际商业计划书的撰写工作中的各方。这个工作团队的核心是负责编写计划书的人——这可能是你，也可能是你的团队，或者是归你所管的什么人。撰写计划书的人需要借鉴各个领域的专家的经验，以便对涉及的技术进行评估，并且论证计划的现实可行性。财务专家是整个团队不可缺少的组成部分，也是高级经理们成功实施计划所依赖的对象。商业计划书的简介部分（包括目标陈述），与计划书的内容同等重要，因此，工作组中应该包括那些擅长与他人沟通的人——优秀的编辑和分析师。

■ 你自己

　　你会阅读本书，很可能是因为你接受了一个撰写国际商业计划书的任务、需要审核他人的计划书或者因为你是一个小型企业的所有者。撰写商业计划书应该成为每个企业的一个优先考虑事项，并且应该得到高级经理们的重视。但是根据企业规模以及所拥有的资源不同，计划书的实际起草工作可能会由不同的人来承担。下面让我们看一些具体的例子：

■ 在一个职员人数介于1～100人之间的中小企业中，首席执行官可能会亲自撰写商业计划书。为此，首席执行官可能会要求下面将要提到的一个或者几个职能部门的经理们提供额外的信息。

■ 在大型企业中，国际商业计划书的撰写工作可能会交给一个由企业不同部门的中层经理组成的团队来完成，其中甚至可能包括海外子公司的经理。最后的成果要提交给高级管理层，由他们定夺并且组织实施。

■ 以海外市场为重心创办新企业的企业家，可能没有员工帮他进行调研工作，也没有任何类似的国内经验可以借鉴。因此，在评判实际市场机遇以及风险时必须加倍谨慎。

不管你属于上面的哪一种情况，我们都从最基本的问题开始讲起。如果你要负责准备计划书的初稿，那么一定要对你的能力、知识和技能有一个切合实际的认识。如果你不擅长数学，那么就不要将工作重点放在财务预测上。不妨用这些事件来想一想谁能够为你提供帮助。同样，如果你在数据方面碰到了一些问题，那么不要灰心，也不要轻易放弃或者停止你的工作，可以尝试先完成其他部分的工作，然后再来处理数据方面的问题。

另外一个需要注意的关键问题是，计划书中包含的信息以及为调研目的所收集的数据（即便不一定体现在计划书中）通常都属于企业的机密资料。因此，必须采取措施保证所有信息以及计划书的草稿仅限于团队内部人员使用。如果你对安全保障程序不够熟悉，包括不了解如何在计划书的草稿上作出适当的标识和声明，以及不了解第3章所讲的保密协议，那么一定要不吝于向你的律师咨询。另外，还要确保未经授权的人员无法进入公司的电脑来查看该计划书。

工程、设计与制造

如果你方计划销售有较强设计含量的技术、机器设备或者产品，那么让某个具有技术背景的人参与计划书的起草工作就显得十分重要了。这名技术专家必须能够从技术角度对你的产品进行阐述。此外，他还需要负责介绍你们公司以及整个行业在技术方面的发展状况。在写这方面的内容时，最困难的一点就是如何将技术问题表述得简明易懂。要做到这一点，与计划书的其他部分相比可能更需要反复修改、重写。

国际商业计划书在对技术问题进行分析和探讨时，必须考虑到该计划书适用的每个海外市场当前的知识水平以及实际应用能力。例如，企业能否利用海外市场制造成本低廉的优势，取决于该国吸收和掌握企业技术的能力。如果技术过于先进，当地工人可能不具备采用该技术所需要的素质和才能。同样，新的海外市场对技术产品的需求取决于该国的现行行业标准以及潜在最终用户的实际需求。高性能汽车在一个公路里程很短的国家没有太大的需求。

此外，在进行工程与技术分析时，还必须对外国的知识产权保护水平以及替代技术和替代方案所带来的竞争风险进行评估。通过知识产权尤其是专利能够获取多大的竞争优势在世界各地存在很大的差异。同样，许多发展中国家的消费者不愿意舍弃传统的购物方式或者产品，也给创新增添了一定的风险。

对于产品加工型企业来说，商业计划书必须详细说明产品是如何制造出来的。如果你并不擅长这方面的工作，那么你可能需要向有制造、生产或者项目管理背景的人进行咨询。或许你已经设计并且制造出了一个模板，但是大批量生产是另外一回事。

管理

商业计划书不仅要随附企业高级经理和其他主要员工的简历，还应该根据企业当前目标对适合企业的管理和组织结构进行全面分析。对于以国际化经营为业务重点的企业来说，这一点显得尤为重要，因为这类企业需要解决由距离和时差导致的很多问题。

如果你是企业的高级管理人员，那么你应该具有一定的远见卓识，确定企业需要实现怎样的组织结构。如果你并不是高管人员，那么你需要获取与当前沟通渠道有关的信息，以便就实施国际化战略需要对企业的组织结构作出怎样的调整、需要配备哪些资源等向高级管理人员提供建议。在很多情况下，企业可能会请一位或者几位人力资源和管理领域的顾问来提供一些帮助。有时候，企业还可能向人才招聘机构寻求协助，为新的岗位物色人选，特别是为海外工作岗位寻找具有当地背景或者工作经验的人才。

注意事项 ☞

风险投资公司或者某些私人"天使"投资人会坚持要求担任管理职位，参与企业的经营决策。如果他们具备企业所需要的专门技能，那么这样的要求当然没有问题。但是，起草商业计划书的人绝对不能仅仅因为这些人是出资人就允许他们参与管理。

财务

这里你需要一位与数字打交道的人。找一个"精通"数字的人，最好是一个有财务预测经验的人。分析支出项目、收入来源以及融资成本是一项很讲究技巧性的工作。虽然具有会计背景、理解目标市场的报告准则是非常有用的素质，但是与此同时，财务人员还应该具有管理头脑并且应该能够敏锐地感知到企业的实际运营要求。不管企业规模是大是小，投资者、高级管理人员以及独立董事总是对经验丰富的首席财务官情有独钟。

法律

虽然撰写商业计划书和确定计划书的内容的重任最终会落在你的头上，但是在这个过程中，律师有时候可以发挥一定的作用。当商业计划书是供外部使用的时——比如为了从外部投资者那里获取融资，律师最重要的工作之一就是保证所有文件符合有关证券法在信息披露方面的要求。如果计划书是要提交给潜在合资伙伴，那么企业应该寻求法律帮助，以了解计划书可以披露多少信息，应该如何保护企业的专有信息等。

至于商业计划书的具体内容，企业应首先就进入一个新市场所面临的法律法规方面的障碍与法律顾问进行讨论。很多情况下，企业必须努力符合外商投资法及（或）技术转让法的要求，这样一来可能会导致投资项目的启动工作被延迟，或者对投资成本造成一定影响。你的法律顾问也必须熟悉企业的整个业务，包括和哪些企业存在契约关系等。此外，他还应该通读整个计划书，以确保计划书的每一部分对企业当前业务的描述都是准确无误的。一名经验丰富的商法律师通常可以回答在严格意义上不属于法律问题的各种基本问题。

销售

有了设计合理、可以实现生产的产品不过是打响了战斗的第一枪。你还必须将产品推向市场，让人们购买他们——这才是真正的考验。在每个目标市场上，你都必须拥有一支精干的具有营销、分销以及销售经验的队伍。从严格意义上说，企业所做的每一件事都会影响营销过程，同时受到营销活动的影响。

你必须时刻关注营销问题，因为它关系着企业的成败。每个参与商业计划的人头脑中都必须有一个销售目标。商业计划书中的营销计划部分类似于整个项目的中枢神经。要知道，每年都有成千上万种设计堪称完美的产品退出市场，其原因就在于企业的工作重点偏离了市场营销。一定要小心，不要重蹈他们的覆辙。

证券发行顾问

如果商业计划书适用于证券（股票）发行目的，那么企业可能会聘请一家投资银行或者投资中介机构来提供帮助。在这样的情况下，发行顾问的主要工作是确保商业计划书可以起到很好的营销效果。另外，他们还会尽可能免除自己需要承担的证券法律法规规定的相关责任。招股说明书的准备工作以及确定说明书中应该包含哪些内容等职责的划分由企业和它们选定的专业证券承销机构在合同中予以约定。

专业编辑/商业文书写作人

商业计划书的初稿完成之后，尝试去找一位专业的编辑或者专门从事商业文书写作的人对计划书进行修改。他们会对你的计划书进行修改润色，对内容进行查漏补缺，让格式看起来更专业。有了他们的帮助，可以让你的计划书提高一个档次。

不要忘了商业计划书从本质上说也是一个营销工具，因此必须用专业的态度来对待它。一名好的编辑可以让计划书的作用充分发挥出来，最重要的是，他们可以让计划书变得更加通俗易懂。从项目本身来说，请编辑修改计划书和征求律师、财务顾问的意见一样重要，所以不要省掉这笔预算。和其他工作一样，你在编辑方面的付出也一定会有所收获。

专家组

现在，商业计划书已经写好，也几经修改。接下来，在将计划书提交给目标读者（比如投资人）之前，你要做的是检验测试一下计划书。工作一定要尽可能仔细，确保计划书草案充分表达了你为顺利完成工作会尽最大的努力、会完全施展你的才干这一含义。找一些你信得过的商人，请他们帮忙审阅计划书，并且征求他们的意见。如果你担心泄密问题，那么可以在企业内部找那些既能够对计划书的内容、格式等提出修改建议，又能够提供与他们各自的职责有关的信息的人帮忙。如果计划书是准备提交给外部投资者使用的，那么你应该考虑首先将计划书交由外部某个可以就计划书的内容以及基调给你一些反馈意见的核心团队审阅。

注意事项🖘

许多市政当局和大型咨询公司会为寻求专业指导的企业提供"孵化器"。市政当局之所以提供这样的服务，是因为它们希望企业成功之后可以为该市或者该地区创造就业岗位，带来更多的税收收入。而咨询公司则是希望在未来可以赢得会计或者咨询方面的业务。不管怎样，它们都可以为企业发展提供低成本或者免费的帮助。另外，它们还可以起到引导投资流向的作用。

内部审计组

不要忘记，从扩展经营的角度说，商业计划书最大的用途是为内部提供指导。因此，你应该定期召开会议，回顾计划书中的内容，并且对照计划书中给出的目标考评企业目前的业绩表现。在员工的业绩和薪酬与预定目标的实现程度相挂钩时，就更是如此。为此，最有效的做法是设立一个专门的小组，由它负责评判企业业绩是否达到了预期目标。如果两者出现脱节，那么该小组有权力对计划书的内容进行调整。

第 6 章

计划书第一部分：导论

了解一部分问题胜过知道所有答案。

——詹姆斯·瑟伯

国际商业计划书都是从导论或者摘要开始的。导论由三个要件构成：封面、目录和概要。此外，很多商业计划书从企业的使命以及远景目标谈起。

导论部分具体应该包含哪些内容取决于计划书具体的读者对象。比如，一份提交给很多外部机构——比如，潜在投资者——的商业计划书，其导论部分应该包括各种警告性文字和免责声明，以确保信息不会被泄露出去，同时满足证券法的要求。另一方面，显然，当计划书仅供企业内部使用时，虽然有关保密性的声明仍然是有必要的，但是与证券法监管要求相关的内容就不必出现在导论中了。正如我们在前面的章节中曾经提到的，某些国家会将这些免责条款看作是一种警告，或者说是缺乏诚意的表现。因此，要根据实际情况组织编排导论部分的内容。

封面

在封面上的适当位置应该强调商业计划书中所包含的信息的保密问题。计划书中应该包括一份涵盖了以下内容的声明或者说明：

- 计划书中所囊括的信息为你方财产。
- 计划书中所囊括的信息是保密性的，为你方所独有。
- 严禁对方复制计划书。
- 未经你方书面许可，不得泄露计划书的内容。
- 如果你方要求，对方应将计划书退还你方。

每份计划书在封面上都应该有一个编号，并且留出一定的空间供将来填写接收人的名称之用。应该每天坚持记录计划书的发送情况，而且封面上的说明文字应该强调指出，收件人有责任和义务对计划书的内容保密，并且禁止他们复制和分发计划书给他人的行为。

此外，封面上还应该印有企业的全称和地址，以及电话、传真和电子邮箱等。这里所说的地址指的是企业的主要办公地点。其他办公地点（包括海外分支机构的地址）应该留待计划书正文部分介绍。

当计划书用作证券发行目的时，封面上还应该包括证券法执法部门可能要求的各种声明（法律声明）。如果在几个司法管辖地区发行证券，那么每个司法管辖区可能都有自己的声明要求。在这样的情况下，应该在封面之后加页，将这些要求都写进去，字体则应该用（大写）黑体。关于这些声明的具体内容以及应该放在怎样的位置，你的律师会给你有用的建议。

注意事项 ☞

在面向世界不同国家和地区的客户提交商业计划书时，保密性声明和免责条款只有用当地语言提出时才真正具有约束力。

目录

商业计划书的每个读者都有自己感兴趣的部分，也并不是所有人在看提交来的计划书时都关注同样的内容。另外，有些读者可能不想按照你的编排顺序来看计划书。例如，风险投资家兰斯在第 3 章结尾时曾提到，他会首先阅读计划书的摘要，然后阅读管理说明部分。只有当这两部分的内容符合他的要求之后，他才会继续阅读其他部分的内容。如果读者找不到感兴趣的内容，那么他很可能就会对整个计划书失去兴趣。

读者需要一份帮助他们阅读你的商业计划书的"路线图"。也就是说，他们需要一份目录。目录的内容不仅限于章节名称。大多数读者都希望可以从中获取更多的信息，比如与定价、竞争对手以及知识产权等有关的资讯。一定要将关键主题作为计划书的小标题。这会让读者更容易找到他们想要了解的内容。但是另一方面，目录又不能太长，因为这会导致关键主题找起来很困难。目录的篇幅以一页纸为宜。

读者浏览一下目录，就应该能够立即了解计划书的结构。也就是说，目录文字要简明扼要，可以通过缩进的格式来表现主标题和次一级标题。目录应该是一个简洁、一目了然的大纲，不应该有过多正文。

目录中如果有错误会给读者留下你这个人能力低、没有条理、不注重质量的印象。排版、拼写、标题以及页码等错误都可能导致你为计划书所花费的心思和努力被打折扣。当参与计划书编写工作的人太多时，如果不仔细检查内容，目录可能会出现重复的现象。当人们对正文中的标题或者具体内容做了最后修改时，有可能会忘记对目录做相应的调整。以精准的表述开篇会给读者留下一个很好的印象。

有些商业计划书的起草者认为计划书中最重要的部分是摘要，读者会先阅读摘要，因此他们喜欢将目录放在摘要的后面。只有在读者看完摘要后，才会决定是否要继续阅读计划书的其他部分，是否要看一下目录。因此，对于摘要的位置没有一个严格的统一规定，这主要取决于你自己的偏好。

■ 摘要

摘要是计划书中最重要的部分。读者通常会首先阅读这一部分内容。如果摘要写得非常糟糕，或者表述含混不清，那么读者很可能会在看完摘要之后将你的计划书扔到一边。

应该将摘要看作是一个营销工具，通过它吸引读者阅读计划书的其他部分内容，并且认真考虑你的提案。摘要不应该仅仅是一个介绍、一篇前言、对重点的一个罗列、一篇文章的缩写或者是一个总结。

□ 摘要的写作

从很多角度衡量，摘要都是商业计划书中最难写的部分。为什么？因为要写摘要，你必须抓住计划书中其他部分的不足之处，还要将计划书中的关键信息组织在一起。要将摘要作为一种营销工具来写，因此，他必须能够对企业的方方面面做一个高度的总结。

关于何时来写摘要，并没有一个统一的看法。你需要在摘要中提出最具说服力的论点，但这些论点可能只有在写计划书的过程中才能形成。因此，有人将摘要留到计划书大部分或者已经全部完成之后再去写。但是，你也可以先写一个纲要，对你需要进一步研究和说明的问题做一个概括，然后在计划书的其他部分都完成之后，再回过头来对纲要进行完善加工。

□ 概要的内容

开篇应该简明扼要地告诉读者你写这份计划书的原因。向读者强调这份计划书的重要性。也就是说，你的目的是为了吸引投资者还是为了给企业内部制定一个指导方针？你是想让读者对计划书进行研究、分析和评论，然后贯彻执行，还是为了考量企业业绩而对企业的目标和政策进行回顾？让读者了解你的目的，以便他们可以据此调整阅读方式。

记住，摘要是为特定读者而写的。你必须清楚你的读者是谁，他们需要什么，在读完你的计划书之后该做些什么。应该做到在 90～120 秒钟内让读者掌握了解相关问题、继续阅读计划书或者向你方发问所需要的所有基本信息。因此，摘要必须根据具体的读者对象来调整自己的侧重点。具体例子如下：

■ **面对投资者**：突出那些被认为对投资者很重要的特点，比如预期在目标市场上的需求如何、如何满足这些需求以及预期的回报是什么。

■ **面对董事会成员**：说明企业为什么决定投资于某一项目，是要推出一款全新的产品或者服务，要开拓一个全新的市场，还是要与海外合作伙伴达成一个协议。

■ **面对外商合资企业**：简单阐述对企业现有产品、服务或者资源进行开发利用所针对的目标市场以及面临怎样的机会、如果达成合作可以带来哪些优势、需要的投资额度以及预期的回报等。

从写作风格看，摘要应该满足 3C 要求，即清晰（clear）、简明（concise）、引人入胜（compelling）。同时，还应该通过摘要来传达你的激情，说明你为什么要如此努力来创办一家新的企业，或者支持某个新的项目。篇幅不要太长，两页为宜。如果你可以在一页中有效地表达出你的思想，也没有什么不可以。

不管什么时候都必须认真倾听他人对你的计划书的反馈意见。看他们在读过你的计划书之后会提出哪些问题，特别要注意所有读者都提到的同样的或者类似的问题。这些问题很可能就是你需要改进的地方。

忠告 👉

如果计划书的读者所信奉的文化与你所在的国家不同，那么应该对摘要进行调整，以满足不同文化背景的要求。计划书的正文部分可以继续使用你本国

国际商业计划书（第三版）

的语言，或者国际商业语言——英语，但是把摘要翻译成当地语言可以表达你希望"进一步"交流的意愿。

使命与远景目标

对于新创办的企业或者业务范围发生了重大调整的现有企业来说，它们的商业计划书中可能还会提到企业的使命与远景目标。也就是说，用一两句话总结出企业所从事的事业——它代表什么、信仰什么、目标是什么。但是，使命和远景目标这两个表述是显著不同的。

□ 远景目标

远景是一种远期目标。它是企业发展壮大后希望实现的梦想。它应当是对企业未来理念的简明陈述。这是一种或许永远无法实现，但是却会让你永不放弃地追求下去的远大目标。

□ 使命

使命比远景目标更直接，更容易实现。它提出了企业在可预见的将来（未来几年）希望达到的目标。由于陈述企业的使命只有简短的几句话，因此，每个用词都必须认真推敲。陈述使命时应该言简意赅。提出企业的使命是一种激励手段，因此，他们应该充满激情与灵感。百事可乐公司提出的"超越可口可乐"，既是企业的一个远景目标，也是企业的一种使命。

如果具体到每一个字来说，陈述企业的远景目标和使命是整个计划书中花费时间最多的部分。为了表述得恰如其分，应该让尽量多的人参与进来。这样，你就可以提出可以体现企业员工以及文化而非你个人观点的远景目标和使命。

不管是远景目标还是企业的使命都应该建立在企业特有的竞争优势上。这样，才能够向读者证明你了解市场，了解你的企业，了解你的产品或者服务，也了解你的竞争对手。

不要将你精心构筑的远景目标和使命仅仅局限在计划书中，应该让它们成为你企业的一部分。把它们张贴在企业的办公楼里，放在企业的宣传手册和报告中。定期回顾一下企业的远景目标和使命。最重要的是，经常围绕它们进行讨论，以便考量一下企业是否还在为了这些目标和使命而奋斗。

第7章　计划书第二部分：企业背景介绍

学而不思则罔，思而不学则殆。

——孔子

商业计划书的第一部分为读者搭建了一个平台，使得读者可以从中对企业的背景以及运营状况有一个大致的了解。本部分将对第6章"计划书第一部分：导论"部分中提出的使命和远景目标做详细的介绍，以便读者更加全面地了解你的企业所在的行业或产业，了解你的企业是如何适应该行业的发展的。计划书的第二部分应对企业做具体介绍，具体来说应该包括以下内容：

- 企业的发展历史；
- 企业当前以及预期会开展的业务活动；
- 企业所能够提供的产品；
- 企业所涉足的行业和市场。

在这部分内容中，还可以对企业的主要客户、竞争对手、合作伙伴以及管理层等情况做简单介绍，当然，这些内容在计划书以后的部分中还有更详细的阐述。

企业的发展历史

在商业计划书中对企业的发展历史进行概括是有一定难度的，但是，说明企业最初是如何创办起来的至少也是一件很有助益的工作。例如，对于许多高科技领域的企业来说，从企业的创始人离开他们此前的雇主，提出一个与他们此前服务的企业的战略规划不相适应的新技术或产品概念时，企业实际上就已经成形了。除了和企业创办历史有关的信息外，企业发展过程中的重大事件也应当做一个适当的介绍，具体说来包括：

- 收到第一笔投资；
- 招聘到经验丰富的管理人员；
- 研发、生产、营销和财务方面的人力资源队伍壮大；
- 产品测试以及产品和服务的初步销售；
- 企业供销渠道的建立；
- 扩大融资；
- 销售历史上的里程碑事件。

当前及预计要开展的业务活动

显然，撰写商业计划书的一个首要原因就是要对企业目前及将来可能要开展的业务活动进行分析。首先，你应当对企业的产品研发和销售状况做一个概括性的介绍，包括营业收入、支出、利润、亏损以及当前占据的市场份额等。除此之外，你还需要列出企业目前正在进行的项目，比如新产品或新服务的研发，信息技术系统的升级，新工厂或者新销售机构的设置，以及正在洽谈中的战略伙伴关系等。其目的就是要让读者了解企业目前的发展状况，以便向他们解释企业下一步的动作。

预计要开展的商业活动基于企业现状，而且是在企业已经取得的历史成就上的一次飞跃。例如，如果企业的某种产品在一个市场上得到了广泛认可，可能就意味着有机会将产品推向与该市场有着类似人口结构的新市场。同样，如果需要通过降低制造成本来维持市场份额或者竞争优势，那么可能就需要企业到海外市场去寻找廉价的劳动力。有关对预计要开展的业务活动进行投资的问题，则应该放在计划书的其他部分进行讨论。

产品（货物与服务）

商业计划书应该对企业所涉足的每个行业中的所有主要产品进行详细的介绍。介绍的内容和形式——包括对企业产品组合的分析，以及为了让企业产品适应海外市场的需求需要解决的问题等——将在本书以后的章节中进行介绍。在计划书的这一部分简要描述企业情况时对产品所做的介绍仅限于让读者对企业所开发或者销售的产品有一个很好的印象。

产品的定义 ✍

在大多数发达国家，服务业已经取代加工制造业成为经济的重要支柱。正因为如此，在本书的其他章节中，货物与服务将被笼统地称为"产品"，只是在有具体要求的情况下，才会区分为有形产品和无形产品（货物或服务）。对我们大多数人来说，现在我们劳动者生产的"产品"就是一种服务！

客户

商业计划书应该让读者了解企业产品过去与现在的市场状况。它可以总结一下企业的主要客户，阐明企业产品的主要销售渠道等。主要客户通常包括近年来成为企业收入主要来源的所有客户，以及企业认为在将来会"发挥重要作用"的所有客户。对企业客户群的描述将在商业计划书中有关企业营销战略的部分展开。对于一个新成立的企业来说，其客户还应该包括那些签订了谅解备忘录（MOU）或者对产品很感兴趣的客户。

竞争优势与核心竞争力

商业计划书必须说明企业认为可以借以实现其经营和财务目标的竞争优势和核心竞争力。当计划书提交给投资者，而投资者手里还有许多其他的商业计划书时，这方面的阐述就显得尤为重要了。

有些商业计划书以提出一系列问题的方式来明确自己的优势和核心竞争力，这些问题旨在告诉阅读计划书的人，企业将如何完成产品研发、生产和销售过程中所必需的工作。这种做法有时被称为"价值链分析"，其目的是构建一个企业参与未来竞争，或者说在一定程度上找出企业无法与对手展开竞争的领域的平台。

无论如何，对某个特定企业，应该提出和思考以下问题，并且做出回答：

■ 企业在采购、加工或制造方面是否具有和其他企业进行竞争的能力？

■ 企业在库存、包装或生产适应性方面是否具有竞争力？

■ 企业在销售、配送、客户服务、交货、促销、维护或现场作业方面是否具有竞争力？

■ 企业在产品特征和性能方面是否具有竞争力？

■ 企业在人力资源战略方面是否具有竞争力？

■ 企业经营是否足够灵活，从而能够令其产品满足不同客户的特定需求？

■ 企业在研发方面是否具有竞争力？

■ 企业在生产线或者制造流程方面是否具有独特的技术优势？

■ 企业在金融资产或者战略伙伴关系方面是否具有竞争力？

■ 企业在管理技巧、内部控制或者创新性商业目标和理念方面是否具有竞争力？

找到企业产品价值链中的关键构件之后，还应该针对企业的主要竞争对手提出类似的一系列问题。接下来，企业就可以通过参照自己在该行业的竞争优势和客户的具体"需求"来选择赖以和对手进行竞争的根基。

注意事项 ☞

虽然某一特定产品在技术上可能还存在"缺陷"，但是由于企业非凡的营销能力，该产品仍然有可能会畅销。有些企业会利用海外成本低廉的生产条件，以最低成本进入市场，而其他企业则可能利用其独特的技术为客户提供新的工具或者新的体验，帮助消费者解决他们自己的工程或者研发问题。

行业分析

即便企业具有某种重要的竞争优势和核心竞争力，只有在企业将其产品充分推向潜在市场，制定并实施可以保证企业成功占领市场的营销计划之后，企业才能实实在在地获得成功。这个过程应该从对企业参与竞争的行业的分析开始。

□ 行业结构

商业计划书应该告诉读者，企业自己是如何看待它所涉足的行业、其发展历史、未来发展趋势以及企业预计在未来几年自己可能在行业中扮演的角色。

因此，企业应该提供对自己涉足的每一个行业的总体看法，从整个行业以及特定企业角度来说在开展业务时需要解决的各种业务、商务和社会方面的问题。对于每个基于市场的"问题"，都应该参考现有产品提供的"解决方案"。对于其中的不足之处，应该提出可以展示企业竞争优势的其他解决方案。

小提示 ☞

医疗保健公司可能会试图对某一健康问题的广泛性和严重性进行说明，他们认为提出这一问题将有助于他们的产品开拓新的市场。商业计划书还应该进一步说明为什么你公司的产品可以解决这些问题，而竞争对手的产品则不能。

当企业希望向国际市场进军时，行业分析会变得更加复杂。虽然有许多行业已经实现了国际化，但是必须认识到每个国家的独特之处。其中一个重要的差别就是地方政府在行业发展过程中所起的作用，特别是政府向面临着跨国公司竞争的本国企业提供财政支持或者其他优惠时，就更是如此。

□ 市场分析

商业计划书应该对企业产品的每个潜在市场进行详细的说明。具体说来应该包括如下几个方面：

- 粗略估计当前的市场规模；
- 对未来 5～10 年的市场发展情况做一个预测；
- 市场的主要特点；
- 市场上客户的主要类型（比如，大型的"财富"500 强企业、小型企业、个人、生产商等）；
- 产品每种用途的实质；
- 重要行业趋势回顾；
- 对每个目标市场的细分，其中包括市场规模和容量、使用的产品、客户构成、为满足客户需求需要进行的创新（比如进一步的研发活动）、渗透市场所要求的产品差异化程度，以及生产"标准化"产品的重要性。

在对新的海外市场进行分析时，可能会碰到的具体问题可以参见第 4 章的相关内容。

竞争分析

虽然企业可能在其所选定的目标市场上具有重要的战略优势——比如创新或者专有技术，但是它精挑细选的一个在未来有很大可能性会发展壮大起来的利基市场也很可能会招来其他的竞争对手。因此，商业计划书应该明确以下问题：

- 驱动行业内竞争的力量；
- 实际竞争对手和潜在竞争对手的能力和资源；
- 新的竞争对手进入市场时可能会面临的壁垒，包括对外国企业参与当地经济活动的限制；
- 以产品形式存在的潜在的"替代品"，这种"替代品"要么为消费者提供了更好的选择，要么会彻底改变他们的诉求；
- 可能会对市场产生较大影响的已经被纳入价值链中的各当事人可能会采取的行动。

□ 竞争环境

商业计划书中还应包括企业从事经营活动时所处的具体竞争环境，具体说来包括：

- 确定企业主要竞争对手；
- 阐述竞争的性质和程度，是直接竞争还是间接竞争；
- 对企业在行业中的地位做一个公正的评价，包括其销售额以及在满足消费者需求方面的独到之处；
- 明确存在哪些愿意对你方的产品提供支持而又没有竞争关系的企业。

小提示 🖘

进入海外市场的途径之一是通过销售竞争性产品的企业或者代理商打入该市场。在这种情况下，消费者能否普遍接受与支持你方的产品，取决于你公司在其他方面的一些做法，比如提供担保、责任分摊以及企业的形象或者声誉。如果你公司凭借这种方式打入新的海外市场，那么要记住，在进入的初期就由你方直接提供担保或者售后服务，往往是不经济的。因此，你方可能需要依靠当地合作伙伴来提供必要的支持。准确评估当地与你方没有竞争关系的合作企业的实力，直接关系到你方能否很快地赢得市场的认可并抢占一定的市场份额。

□ 竞争的根基和竞争力因素

如果商业计划书可以明确企业参与行业竞争的根基，以及企业认为可能会对其未来在行业中的竞争优势产生影响的各个因素（比如成本、生产效率、产品的可靠性、技术、产品适用范围、能力、资本、销售或服务），那么该计划书将会有极强的参考价值。如果企业产品涉及多个行业或者具有多种用途，那么要逐一对每个行业或者每种用途做详细讨论。

□ 竞争对手的能力和资源

仅仅是简单地罗列出影响企业竞争力的因素还远远不够，商业计划书还应当进一步展开，解决以下问题：

- 将你方产品与竞争对手所提供的产品区分开来的独特之处；
- 与竞争对手相比，你方在资源和资产方面的实力如何；
- 其他企业所采取的竞争策略；
- 预估竞争对手对你方产品的反应，特别在你方刚进入某个市场时。

□ 市场进入壁垒

在起草国际商业计划书时，应该尽量做到高瞻远瞩。也就是说，除了要注意到市场上目前的竞争状况外，还应当尽量考虑到其他企业未来可能会进入同一个市场。新竞争对手所带来的风险在新生或者创新型行业中格外高，当预期利润空间很大，而市场有望在几年内得到扩张时则更是如此。

除了商业计划书之外，你最好能够设置一些可以给新竞争对手进入市场造成困难的"市场进入壁垒"。这类壁垒包括：

- 实现规模经济所需的资本；
- 产品或者服务的专有性；
- 品牌知名度的重要性；
- 客户群的"转换成本"；
- 销售渠道是否充分；
- 绝对成本优势；
- 可能会延缓或者阻碍新的竞争对手加入的监管要求，如外商投资法。

当一家企业是某个新生市场上的开拓者时，其商业计划书应该说明企业为了制造壁垒阻止新竞争者所采取的措施。如果可以的话，商业计划书还应该对企业的各种策略进行论述：尽可能延伸产品线，建立一个庞大、稳固的对你方企业感到满意并忠诚于你方的客户群，或者建立并维持自己在技术方面的强势地位。

如果企业企图进入一个被现有企业所主导的新市场，那么商业计划书中还必须指出企业将采取什么样的措施，超越该市场上已有的竞争对手所拥有的优势。这些措施包括通过与另一家企业联合以迅速扩大生产能力，或利用与其他业务领域中的潜在客户所建立起来的关系等。在这些情况下，对企业来说，最好的办法可能要数与当地某公司组建一个战略联盟，以利用后者的生产设施和已有的分销渠道。

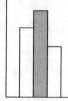

第8章　计划书第三部分：产品与服务

每个人都靠售卖某种东西为生。

——罗伯特·路易斯·史蒂文森

如第7章所说，对企业的背景和战略重点做了概括性介绍之后，应自然地转入对企业产品（货物或者服务）的详细介绍和分析。如果组织得当，产品组合中应对前一部分所描述的企业面临的竞争机会提供"解决方案"。国际商业计划书还应该列出企业所面临的核心问题，比如，如何对国内产品做出调整以适应新的海外市场，以及如何针对海外市场开发出适合其特色的新的产品。同时还应对与这些核心问题相关的一些问题作出说明，尤其是企业为开发新产品所做的努力以及知识产权问题。

■ 产品介绍

商业计划书应详细介绍企业在其涉足的每个行业中所提供的主要产品。此外，还要介绍主要的新产品以及行业细分的情况（比如，该产品是处于设计阶段还是计划阶段，是已经加工出模型还是需要进一步完善工艺）。通常来说，对现有产品及新产品的介绍会细分为不同的部分，当由阅读商业计划书的人出资进行新产品的研发时就更是如此。

商业计划书中对产品的讨论不应仅限于对产品的描述，还需要对企业的关键实力进行分析，这些关键实力使得企业可以在产品研发、生产和销售方面成为潜在投资者有利可图的投资对象。例如，应该指出产品的所有创新性特色、潜在的用途以及可能构成企业的某一战略优势的基础的技术特点等。因此，在商业计划书中，可能需要探讨以下问题：

- 产品的销售收入、成本和潜在市场；
- 产品的销售渠道；
- 企业将来对产品提供支持所需的资产和资源。

如果你方公司在产品组合方面存在任何薄弱之处的话（比如，为开拓某一市场而进行的产品研发碰到了困难），那么，你应当在商业计划书中单独列出一部分内容，以"风险因素"的形式加以说明。如果你们已经针对这些薄弱环节采取了补救措施，那么也应该予以说明。

商业计划书应该对企业的重大研发活动（包括相关的里程碑事件以及风险）认真予以回顾总结。此外，商业计划书应该具有一定的前瞻性，这主要体现在如下两个方面：

- 企业为应对不断变化的市场需求，计划开发哪些新产品？
- 企业为了迎接那些在未来几年内可能成为现实的新技术或者新的科学方法所带来的挑战，计划采取怎样的应对战略？

企业正处在研发过程中的产品的现状，也应该作为商业计划书的一部分予以说明。例如，计划书中提到的某一新产品可能只是一个还停留在概念阶段的想法，这意味着在产品真正投向市场之前，还要等上一段时间。也很有可能的是，企业已经加工出了产品的模型，或者已开始小规模生产，又或者已经开始在一个较小的市场范围内开始对其产品进行测试。在这样的情况下，最好让投资者了解这些相对比较成熟的产品的研发时间表，以及实现产品的全面生产和供给还需要再追加多少投资。另外，如果产品的研发已经进入到了即将投放市场的阶段，而且你方已经有了一个营销计划草案的话，也应该在计划书中做一个介绍。

产品组合

选择最佳产品供应组合是营销过程中一个最基本的战略要素。通常情况下，企业会将现有产品推向尚无类似产品存在的市场。又或者，为了在某个国家成功抢占一定的市场份额，企业有可能需要决定是否对现有产品进行调整或者改进，而不是简单地照搬企业在其他某个市场上所提供的产品组合。正如第 4 章所提到的那样，不管是什么时候，营销经理都必须对每个新的海外市场中所有与人口、经济、政治、监管要求以及文化有关的因素进行分析。

☐ 人口因素

针对一个新的目标市场进行初步的营销战略分析时，虽然重点大都放在经济和文化因素上面，但是人口因素同样不容忽视。企业的管理层不能简单地认为海外市场和企业母国市场或者其他相邻国家的市场有着相同的人口特征。实际上，各个国家在人口增长率、年龄以及人口特征等方面存在很大的差别。

人口因素所产生的影响在发展中国家表现得尤其显著。通常来说，这些市场发展迅速，充满活力，而且具有人口从农村向城市快速迁移的特点。这些趋势对市场经理来说具有以下几个重要的含义。首先，高出生率意味着家庭平均规模较大，一个家庭中可能是几代同堂，成员较多。这些特征会影响当地人在选择消费品以及产品包装单位的大小时的决策。其次，发展中国家的人们对婴儿和儿童用品通常有着更大的需求。最后，城市化进程迅速推进，为适合城市拥挤的生活方式的新产品的出现创造了契机，并且这一进程有利于企业在规模较大的城市市场上开展促销活动，因为这样做可以取得最大的效益。

☐ 经济因素

对于一个新的海外市场，在了解了其人口特点之后，重点应该转向该市场上所存在的"有效需求"。需求取决于收入水平和收入在人们之间的分配。例如，仅仅是人口众多、经济发展迅速，并不意味着对高档奢侈品的需求旺盛。实际上，大多数人可能还在为基本生活需要而疲于奔命。另一方面，高端商品和服务的提供者应注意国家收入分配高度分化这种情况，因为该市场上具有较强购买力的群体可能非常小。人口出生率低的国家，留给企业的市场机会可能会非常小，但可能存在更大的"可支配"收入潜力。新进入某个目标市场的外国企业还应该注意到该市场有迅速饱和的可能，并且做好不断提供新的互补产品的准备。

☐ 政治及监管要求

在为一个新的海外市场确定产品组合时，政治和监管要求也是需要考虑的一个重要方面。企业管理人员必须了解当地的贸易管制政策和外汇要求。比如，企业可能会发现自己无法进口某些零部件或者原材料，这使得它不得不将某种产品从自己的产品供应清单上剔除掉，否则就会对企业当地生产当地销售的策略产生显著影响。同样，某些服务的提供也可能会受到严格的管理或者限制。某些生产活动仅限于国有企业或者当地人控股的企业。除此之外，价格控制和变动不定的税负也很有可能会对企业的预期利润产生不利影响。

□ 文化因素

文化因素无疑会对消费者的价值观和偏好产生影响。受文化因素影响最大的领域之一是那些必须符合当地饮食要求、健康习惯以及宗教信仰的消费品。企业管理层必须时刻关注市场上所存在的限制或者禁忌，这些限制和禁忌可能要求企业对某一产品的包装、广告或者产品本身做出一些调整。

□ 标准化与适应性

如果可以撇开各国不相同的大环境不谈，企业通常有充分的理由尽量对其在不同市场上所提供的产品进行标准化。一方面，标准化可以带来生产的规模经济，取得具有竞争力的价格。另一方面，产品标准化可以降低企业的广告费用，因为企业面向全球范围内的各个市场提供类似的广告信息（当然，企业必须注意到广告语要充分考虑到各国语言和文化的差异）。另外，使用业已存在的产品能够最大限度地降低产品投放市场之前的测试需求，从而使企业能够更快地进入某一市场。

随着海外市场逐渐同质化，以及人们收入水平和受教育水平的不断提高，标准化政策有可能会变得越来越能够适应企业的需要。例如，销售高端消费品——比如电视机、收音机以及电脑——的企业会发现，在较发达国家，虽然当地的技术条件可能会对产品的用途产生影响，但是这些国家的消费者所选择的产品确实是类似的。制药公司也发现，标准化的基本产品，比如注射器等，是开拓海外市场的最佳武器，而且这类产品通常可以满足所有地方政府对质量的要求。

但是，企业从发展中国家市场上学到的却是另一番道理。研究发现，发达国家的企业所生产的消费品往往需要经过一定的适应性调整才能在发展中国家的市场上取得成功。这是因为，针对这些市场所提供的产品大多为基本生活用品，比如食品、服装等，因此，必须根据当地的文化需要对这些产品进行调整。此外，服务类产品也必须做一些改变以满足当地人在产品支持和信息方面的需求，当发展中国家的人们不太可能接触到发达国家的消费者轻而易举就能够获取的技术培训、专业技能时，就更是如此了。

不能尽早对产品进行适应性调整可能会给企业带来灾难性的后果。不少企业一开始就向一个新的海外市场销售其标准化的产品，但是很快就发现，当地消费者对他们的产品并不感兴趣。一旦出现这样的局面，那么不管企业花费多少心思和精力逐步对产品进行测试和完善，都无法扭转消费者在开始时对它们产品的坏印象。企业可能不得不暂时撤出这一市场；随后它可能会以一种更加本土化的产品和新的营销手段来改变自己此前因为产品不适合消费者口味而给他们留下的糟糕印象，重新进军这个市场。

研究与开发

在企业发展的某个时期，经营者一定会面临研发战略和流程的问题。通常情况下，研究与开发指的是研制新产品的过程。但是它也包括改进与完善现有产品，创造或者采取各种办法来提高企业的生产和运营体系的效率及收益的过程。所谓的研发活动包括为解决具体问题或取得既定商业目标而进行的研究、开展的基础性研究（比如，并非出于商业目的而开发的先进知识与技术），以及通过许可或者其他技术转让方式从第三方那里获取和吸收的技术及思想。

在介绍企业的研发活动时，有几个关键问题需要解决。比如，要解决的第一个关键问题就是确定企业需要哪些资源。企业有可能是通过自己的工程师和科研人员来实现新产品的研发；但是，它也可能会选择另外一种方式，即从第三方那里获得许可或者取得全部或部分产品。生产能力也是一个需要关注的问题。当企业规模相对较小并且缺少必要的资金来建设自己的工厂或者生产设施时，就更是如此。最后，企业的分销战略也是一个不容忽视的问题。企业可以依靠自己的销售团队、销售代表，也可以通过协议利用第三方销售渠道，或者两者并用。

从历史上看，实行国际化运营的企业一般采用集中化方式对研发活动进行管理，即设立一个中央办公室或者部门负责决定进行哪些类型的研发活动，以及如何在企业内部不同分支机构之间共享创新的成果。由于企业的所有分支机构都依赖于这些创新性的概念，因此，以前人们认为有必要由企业内部的某个核心部门充当信息交换中心的角色。但是，近来涌现出来的几种新潮流已经对这种集中式研发的观点提出了挑战，一种观点认为，创新活动并不是个别国家才有的，而是在世界各地都能找到。除了集中研发之外，还应该针对生产问题和客户的要求，找出适合当地需求的解决方案。政府通常也鼓励外资企业在当地设立研发部门，聘请当地的科研人员，或者与邻近地区的教育机构进行合作开发。

□ 全球创新管理

虽然进行国际化经营的企业的研发活动可能会分布于不同国家的若干个地方，但是企业的长期战略研发目标仍然必须由身处企业最高管理层的高级主管制定。只有这个层面的管理人员，才可以根据企业的主要目标和发展方向作出最佳的决策：究竟是大量开发新产品，还是开发可以向第三方出售的新技术？后一种做法也可以用来提升企业自身的生产质量。应该采取怎样的举措对现有产品进行改进与完善以延长其生命周期，或者为这些产品寻找新的海外市场，也是企业高级管理层需要考虑的一个问题。总之，一旦做出了决策，每个国家和地区的战略管理者们所面临的艰巨任务就是向各自的研发部门分派项目，并且根据轻重缓急确定先后顺序。

□ 企业进行研发活动的指导原则

在规划全球性的研发活动时，管理人员必须遵循一些至关重要的指导原则，这些原则适用于所有的研发项目，适用于承担研发工作的所有部门和业务机构。这些原则包括研发项目的范围和目标、研发周期以及如何考量研发进度。

小提示 👉

通常情况下，企业积极寻找的是那些能够改变当前的竞争格局并带来巨大投资回报的突破性产品。但是，如果希望研发活动可以取得积极的成果，那么最佳途径则是集中进攻那些见效快、易管理的研发项目。在挑选此类项目时，应该考虑到实行国际化经营的企业的所有部门的要求。一个好的研发项目应该能够带来可以迅速推广到企业的所有部门、适用于多个市场的新产品或者新功能。只有这样，才可以有效地分摊研发的费用。

应该尽量简化针对研发活动的决策程序。企业首先应该确定一个适用于所有研发项目的总体绩效考核标准。这些标准可能包括预期投资回报、研发周期以及研发队伍的最佳规模等。一旦确立了相关的标准，在实际应用时，就应该尽量缩短决策环节。只有这样，设计人员和科研人员在实际操作中有了新的"点子"时，才能够及时从高层管理人员那里得到反馈意见。

□ 全球性研发活动的流程

虽然说实行国际化经营的企业通常都会设有某种形式的小规模研发中心，但是，其重点关注的一般都是海外各研发部门所开展的活动以及如何将这些活动的成果应用于企业的其他部门。每个研发部门都应该目标清晰，方向明确，有适当的预算支持，并且会事先设定一个标准以对它们进行监督。在大多数情况下，这些研发部门承担的都是一些短期的项目，比如对产品进行适当的调整以满足某个地方市场的需求、习惯以及技术服务的需要等。在适当的情况下，也可以为这些部门提供研发经费，开发全新的产品（即有别于在全球范围内投放的产品），以满足当地市场的需求，填补企业产品线的空缺。

在纯国内研发活动中起着重要作用的计划和预算，对国际化经营的企业来说更是有着举足轻重的作用。问题的关键是要确定如何才能更好地在不同的国外研发部门中分配研发任务。惯常的解决办法是由国际化的研发机构创造比较优势，并且在可能的情况下由各个企业利用这种比较优势。比如，在世界的某一地区，企业或许能够聘请到许多领域的科研专家和工程师，他们能够比世界其他地区的同行们更快地提出技术解决方案。而在某一国家，与研发有关的管理费用则可能会更低——或者因为当地的整体生活水平比较低，或者因为当地政府提供了激励措施。

沟通交流是影响面向全球的研发活动的另一个重要因素。在许多情况下，有效的研发，甚至为各具特色的海外市场所进行的研发，都需要全球研发人员的通力合作。产品研发小组中一般会包括来自不同国家和地区的科研专家和工程师，这样一来，研发小组就可以 24 小时不间断地工作。为了使得这种方法切实有效，管理人员必须创造一种综合的全球联络机制，以便在需要的时候互相沟通。这可能会涉及互联网或者企业内网的应用，以及可以对研发活动和研发任务进行适当排序的项目管理策略。

■ 知识产权

企业的竞争力在很大程度上取决于其研发活动以及企业对具有技术含量的

产品的保护能力。因此，商业计划书必须明确企业的知识产权（IP）——包括专利权、版权、商标、商业秘密等——并且提供保护措施。虽然说企业无需针对每个知识产权列出详细的法律保护条文，但是阅读商业计划书的人必须能够感觉到企业在其所有重点市场上为保护自己的核心知识产权所作出的努力。

　　显然，知识产权对商业企业所具有的重要性取决于企业的目标、经营方式以及企业开展业务活动的环境背景和所处的市场等因素。比如，高科技企业的成长与发展明显受制于其建立和维护雄厚技术"资产"的能力。另外，有些企业的实力可能不在于技术或者研发层面，而在于具有较强的生产、营销以及配送技巧。即便是在这些情况下，技术资产，比如生产"诀窍"，对于企业取得成功来说依然发挥着重要的作用。因此，商业计划书应该针对知识产权在企业所涉足的行业和市场中的整体重要性，阐明自己会采取的相应政策和观点。

第9章 计划书第四部分：制造或者工艺

我没有失败，我找出了 10 000 种行不通的方法。

——爱迪生

制造指的是企业根据市场对其实际产品的需求批量进行商业化生产的各种活动。虽然说研发费用有可能非常高，但是制造成本对于企业而言也是一笔不小的开支，因此企业应该想方设法降低制造成本，从而在价格上相对竞争对手而言能够获得一定的优势。制造与生产环节所包括的部分活动有：

- 建设生产设施，安装所需设备；
- 制定并且实施质量管理流程；
- 建立销售体系（即储运程序）；
- 制定客户服务计划；
- 签订零部件、原材料以及其他生产物资的采购合同。

服务供应商所面临的问题大多与生产制造商所面临的问题非常类似。不同之处在于服务供应商的工作重点放在了服务工艺上，而不是产品制造上。服务供应商所需要的可能是培训设施、教育资源、不断提供的改进服务和质量管理的支持、经销体系、客户服务计划以及获取提供服务所必需的材料的途径等。通常情况下，服务供应商也销售与服务有关的商品，在这样的情况下，制造方面的问题对它们来说也同样是起作用的。

商业计划书中应该回答的问题

商业计划书应该说明企业将如何制造其产品或者提供服务，如何向消费者提供自己的产品或者将产品投放到适当的销售渠道中去。因此，商业计划书应该解决以下问题：

■ 企业是完全自主提供产品或者服务，还是将部分甚至全部环节转包出去？如果企业目前采取转包的做法，是否有在将来发展自主生产或者提供服务的能力的计划？

■ 与竞争对手相比，企业或者分包商在生产或者提供服务方面是否具有优势？如果有的话，这种优势能够保持多久并且如何保持这种优势？

■ 企业现有的生产或者提供服务的能力如何？这是否已经足以满足企业未来发展的需要？如果不能，企业有什么样的发展计划来扩展自己在这些方面的能力？与该计划相关的成本和风险是什么？

■ 企业在生产制造或者服务过程中所需要的最关键的零部件或者元器件是什么？这些零部件或者元器件是如何获取或者得来的？是否存在"唯一供应商"的问题？或者说企业拥有几家供应商？企业获取零部件或者元器件，或者培训服务商的最后期限是什么时候？延期交货会对企业满足需求增长的能力产生什么样的影响？

■ 对于不同规模的产品生产，或不同程度的服务供应，其标准成本是多少？

自主生产或者提供服务

许多企业愿意依靠自有的设施进行生产。它们可能会在某个地方建立生产设施，也可能会出于降低成本或者接近实际市场的考虑，在几个地方建厂生产。例如，如果有一家企业在某一海外市场为其产品建立了广阔的市场，那么为了满足当地的需求，可能会决定在当地进行生产或者培训当地居民，由后者来提供服务，而无需从遥远的地方进口产品或者聘请员工。

企业自主生产或者提供服务的战略必须能够解决以下问题：

■ 企业自主生产或者提供服务的成本是否足以提高产品的利润率？企业管理人员必须以单位产品或者单笔投资为基础来考量建设基础设施所需的初始投资、与企业经营和维持生存有关的一般管理费用以及其他的经营成本。很多情况下，自主生产或者提供服务的做法可能比外包要便宜。

在自主生产或者提供服务的过程中，不管是制造商还是服务商都应该尽早考虑采取基于活动的成本核算方法。由于这种成本核算方法是对单位产品的管理费支出进行跟踪，而不是按照产量分配管理费用，因而它能提供关于单位成本的真实数据。

■ 企业是否能够研发出可以申请专利的工艺？这样的工艺可以给企业带来巨大的竞争优势、成本优势以及获利机会。从这个角度说，服务行业的另一个优势是可以在某些国家凭借自己的商业方法获取专利。

■ 是否可以利用自动化设备来降低并且（或者）控制生产成本（例如，制造商使用机器人，服务商采用界面技术，比如 ATM 等）？是否能够通过自学掌握某种方法？通过将生产或者服务流程自动化，尤其是当这些自动流程也是企业的专利时，企业就能够取得巨大的成本优势。

■ 企业是否能够利用廉价的材料及（或）劳动力？在国外独资建立生产设施最吸引人的地方就在于可以利用那里廉价的原材料（比如炼油厂）和劳动力（比如班加罗尔的计算机程序员）来降低生产或者服务成本。不利的一面是培训成本可能非常高。

商业计划书中还应该考虑到生产计划的制定与执行问题，重点应该放在降低生产制造或者提供服务的成本、提高计划期内生产力的现行策略上。此外，如果企业选择采取国际战略进行生产或者提供服务，那么应当建立相应的制度，对产品质量以及所有分支机构所提供的服务的质量进行监督。否则，如果产品达不到标准，有重大缺陷或者需要大量的售后支持服务，那么表面上看起来节约的费用也将变得毫无意义。

第三方生产安排

除了选择自主投资建立自己的生产设施之外（有时是为了利用国外廉价的劳动力和原材料），另外一种比较常见的做法是与第三方达成各种生产和供应协议。根据协议的规定，一家公司同意进行生产，或者以其他方式获取特定产品或服务后销售给买方，由作为买方的企业在自己的业务范围内进行转售。

这种生产和供应协议的基本模式就是载明要求买方在协议期限内提供产品订单。这些订单就像长期销售合同一样，由第三方生产者接受并且履行。这些协议的条款可能非常复杂，并且会根据协议的期限、企业对产品或者服务数量和交货要求的不同而有所变化。例如，一份生产和供应协议通常应该包括以下内容：

- 对产品的描述；
- 产品的定价方法；
- 交货方法以及运输和保险方面的所有要求；
- 买方对产品性能等的具体要求；
- 付款方式、付款时间以及相关的信贷安排；
- 协议双方各自应兑现的承诺以及面临的限制。

□ 生产协议的种类

在接下来的内容中我们介绍了生产协议的几种基本变体：

- **定制。**

这种生产与供应协议通常针对的是那些已经投入商业化生产的产品，尽管产品研发完成后，当研发商积极寻找帮助以实现批量化生产来向市场销售时，也可以采用这一协议。但是，该协议的重点在于产品规格方面，而且通常还会要求卖方在大规模生产之前生产出一种双方都能够接受的样品作为参照。开始时，在得到市场对该产品的认可度的反馈信息之前，合作双方一般都会限制预期的生产水平。另外一种非严格意义上的定制生产协议更像是一种长期合同，根据该合同，在购买用以生产合同标的产品所需的材料时，卖方对供应商的选择会受到限制。这种协议可能无需包括特定的规格要求，但买方希望有一种机制能够保证在合同期限内自己所购买的产品在性能等各个方面的稳定性。

- **基于买方要求的合同。**

在基于买方要求的合同中，卖方以预先确定的价格——这个价格可能是固定的，也可能是定期调整的——向买方提供其在规定期限内可能需要的所有产品。基于买方要求的合同最关键的一点是，买方统一不从其他卖方那里购买类似的产品，而卖方则有权向其他客户销售其产品。但是如果卖方所提供的产品无法满足买方的要求，买方就有权从别处进行采购甚至终止合同。基于买方要求的合同下所购买的产品的价格会随着购买量的变化而进行调整。通常情况下，如果卖方提高价格，买方有权终止合同。

- **基于产量的协议。**

在基于产量的协议中，生产商将其生产的产品全部卖给买方，买方承诺接受所有产品。在基于产量的协议下，双方的权利义务关系只在某个特定的时间期限内才是有效的。通常情况下，法律规定该协议下的当事人应该凭借诚信的原则办事。这就要求卖方以诚实守信的态度销售产品，所提供的产品的数量与预定目标相比不能过高、过低或者与预估的产量严重不成比例。如果没有预计产量目标，那么法律通常会假定各方当事人计划的生产数量为"常规"数量，或与以前数量相似（比如，根据上一年的年度产量来确定）。

■ **原始设备制造商（OEM）协议（仅限于货物的生产）。**

生产与供应协议的另一种常见形式，也是在国际市场上格外流行的一种做法，涉及卖方和作为原始设备制造商的买方。OEM协议将制造和分销功能结合在了一起。根据此类协议，卖方向买方销售产品，买方则在该产品上增加某些"价值"（比如，改进产品或者增加某些新的用途），然后将"增值"后的产品卖给新的客户。买卖双方会就OEM协议的具体条款认真进行商谈，在此过程中，双方就各自在产品及产品销售条件等方面提出的要求进行谈判。如果组织得当，对于一家规模较小的企业来说，在其原本还应该为建立自己的分销渠道和稳定客户而奋斗的时候，OEM协议已经为其产品提供一个可以起到显著作用的客户群。

在OEM协议中，卖方可能会同意对所销售的产品提供额外的服务和维护工作，这些服务和维护工作的具体范围可以体现在服务和维护协议中。当需要卖方在协议的延长期内提供产品时，可能会要求卖方将某些技术信息和源代码交由第三方保管。在卖方未能根据OEM协议继续提供规定的产品时，这种做法为买方提供了一定的保护。即如果出现卖方违约的情况，第三方将无需经过卖方进一步同意，就有权使用被托管的材料，继续生产产品。

□ 特许生产与经销协议

某一产品（货物或者服务）线的开发者或者所有者可能会授权另一方进行生产，并将其产品作为最终产品提供给消费者。作为回报，授权人将根据衡量的生产商—经销商业绩的某个指标（比如，销售量，或者是销售净收入）收取特许权使用费。

这种协议往往会包括经销协议中常见的合同条款，如果生产商—经销商的生产成本低于授权人的生产成本或者是与之持平，那么该协议就是有吸引力的。同样，在需要对产品进行改进或者调整以符合目标国家和地区的特定要求时，这种协议也是有优势的。上述两种情况下的授权行为确实可以带来成本效益，但是授权人可能会非常担心对特许他人使用的计划或者工艺失去控制权。

□ 特许生产与产品回购协议

还有一种混合型的生产协议也是值得注意的，那就是特许生产与产品回购协议。该协议一方面许可被授权人生产和销售授权人所开发的产品或服务，另一方面，还要求被授权人按照提供给 OEM 的买方及（或）转销商的最优价格，将一定数量的被许可产品返销给授权人。授权人从被授权人所售出的产品中获取收益，同时还能保证获得被授权的产品，并将被授权产品销售给自己的客户。而对于被授权人来说，则能有保证地获得订单，这将有助于减缓因在企业"成长期"大规模生产被授权产品而带来的初始成本压力。

第 9 章

计划书第四部分：制造或者工艺

第 10 章

计划书第五部分：营销

卖瞎马的人总是在夸奖马蹄。

——德国谚语

营销被很多人看作是商业计划书中极其重要的一部分内容。事实证明，很多企业虽然拥有很好的产品，但是却因为在营销和分销渠道方面存在问题而遭遇失败。

营销战略与其他各章所讨论的主题，比如生产、企业背景介绍、市场进入战略等相互关联，并且构成了一个不可分割的整体。实际上，关键在于要确定最适合企业现有产品的市场。影响这一决策的因素包括人口指标、收入水平、受教育程度、市场上人们的技术能力以及将产品提供给最终用户的物流问题。这些问题可在商业计划书的营销部分中进行论述，也可以作为对企业在全球市场上面临的商业机会的一般分析的一部分。

在选定了某个市场，并且针对该市场确定了适当的产品策略后，商业计划书应该逐一解决企业在各个国家或者各个市场上所面临的其他营销问题。不要误认为同一种战略可以适用于不同的国家——即便这些国家在地理位置上非常接近、人口特征非常相似，比如瑞士、奥地利和德国，也不例外。即便企业最终决定将几个市场的营销活动合并在一起进行（比如，一个销售商负责同一个区域的两个或者两个以上的国家，以及（或者）负责在所使用语言比较接近的几个国家进行促销活动），也要单独对每个市场进行分析。

当撰写商业计划书的目的是为企业融资，而不仅仅是为了进军海外市场时，营销部分应对企业已经抢占的所有市场进行分析——包括企业在本国占领的主要市场。

客户分析

即使在前面的内容中，商业计划书已经对企业主要的客户关系做了说明，营销部分也需要包含与以下几个方面的内容有关的更详尽的资料和分析：

- 客户的要求和需求；
- 选择并且使用企业的产品会对客户的业务或个人活动产生的影响；
- 企业的客户关系管理战略；
- 企业已经采用或者计划采用的用于市场调查以及不断跟踪客户需求的方法。

客户的要求和需求

商业计划书的一个重要功效就是要让读者很好地了解企业将如何与客户联络，进而把握客户不断变化的需求。商业计划书应该明确表明你了解客户的需求和要求。其中常用的一种方法就是介绍企业为了鼓励员工了解客户的需求而建立并且坚持实行了怎样的机制。这可能需要对企业的客户服务流程做一个介绍——包括企业代表与客户之间的定期联络。另外，有关购销条件、担保、退货以及货物装运日期等常规问题的讨论也是商业计划书中必不可少的内容。

如果可能的话，商业计划书应该说明从整个行业看，客户需求是如何定义的，以及企业是如何满足这些要求的。比如，人们常说在与供应商的关系中，客户认为"质量"是最重要的因素。它逐渐成为影响买卖双方关系的一个标准要素，因此，应该尽量从各个层面对与你所涉足行业有关的产品质量问题进行论述。其中应该重点强调如何衡量"质量"、客户对不同公司质量影响因素的认识，以及随着时间的推移这些认识的发展和演化情况。质量是根据客户的预期而定的，而不是由生产商自行确定的。因此，企业必须充分认识到产品经久耐用、没有缺陷、可靠、可操作等性能的重要性。企业自身的特色或者是受客户满意度和促销活动影响的总体"质量声誉"应放在最前面交代。

□ 产品对客户的影响

客户分析需要就选用企业产品给潜在客户的商业活动可能造成的影响进行评估。为了完成客户分析，企业可能会提出以下问题：

- 企业每个主要客户的"决策者"所面对的经济因素是什么？
- 促使客户转而使用企业产品的替代产品的激励是什么？
- 选择企业的产品对于开发客户自己的产品有什么样的意义（不管是技术方面的还是成本方面的都包括在内）？
- 客户在使用企业的产品之后，能够节约多少成本？
- 购买企业的产品之后，客户能够实现多少投资收益？
- 采用企业产品是否会显著改变客户的业务模式（比如，客户是否需要采购其他设备、改变劳动习惯或者调整组织结构）？
- 客户对于企业提供的产品以及该产品的市场了解有多深？
- 可以预期的客户商业活动的调整是否会影响客户对你公司产品的购买决策和依赖性？

□ 客户关系管理

市场营销领域最重要的环节之一就是"客户关系管理"（CRM）。商业策划人员必须充分意识到，通过现有客户提升销量通常比吸引新的客户来得容易。在与客户交流、了解客户需求以及解决客户问题方面，技术变革（包括互联网）为企业创造了新的机遇。

商业计划书应该对企业所有主要客户关系的质量和稳定性进行分析。其中的关键之处在于说明企业是否已经通过合同或者其他手段，与每个重要客户建立起良好的关系。这种关系能够防止客户转向其他供应商或者自行进行生产。除了企业代表与客户的定期联络之外，企业还应该制定有效的激励措施以激励员工留住现有客户。此外，商业计划书中还应该提供一份提交给客户的宣传材料清单，具体来说包括：

- 宣传册；
- 产品目录；
- 邮寄用的广告材料；
- 宣传广告；
- 报刊评论；
- 其他与企业、产品以及人员有关的宣传作品。

□ 市场调研

　　和客户关系以及促销战略有关的所有明智决策无不源自企业所做的深入的市场调研。市场调研活动的详细资料通常不作为实际商业计划书的一部分，但是至少应该让读者了解你在收集和分析必要的信息上所花费的时间以及付出的努力。市场调研的详细结果可作为附录提供给读者：

　　■ **客户调查**。企业应该针对自己计划推出的产品对潜在客户进行调查，以确定市场上是否有足够的需求来支持企业开展新的业务活动。如果潜在客户能够看到产品的样本或者进行试用，那么商业计划书应该对客户的反应以及企业针对被测试群体所提出的事项、疑问或者问题而计划采取哪些举措进行说明。如果企业已经从潜在客户那里察觉到他们感兴趣的迹象，甚至是拿到了订单，那么应该在商业计划书中着重突出这方面的情况——产品相对比较新颖和实际销售活动受到限制时更应该如此。

　　■ **收集数据**。市场调研对一个新进入海外市场的企业来说尤其重要。在陌生的地区销售自己的产品是一件非常困难的事情，当企业在国际市场上的经验很少甚至完全没有相关经验时尤其如此。通常可通过企业所在国的信息渠道（比如大学图书馆以及政府出版物）来收集相关数据。但是，这些数据无法取代从现场收集（即完全来自国外的第一手资料）并经熟悉当地市场的经理人员或者顾问解读后的信息。另外，即便当地存在可供利用的信息来源，企业也可能很快就会发现因为基础设施缺乏，信息收集过程变得十分困难，而且信息搜集的结果也会更加不可靠。

　　■ **认识并且克服调研过程中的各种障碍**。在新的海外市场上开展数据收集工作必须克服调研过程中的种种困难。语言差异、当地人对透露自己的偏好及其他讯息这种行为的看法、缺少训练有素的本地调研人员以及贸易数据的不一致性等都是常见的问题。比如，在某些欠发达的市场上，通过信函以及电话等途径进行调研可能无法取得有代表性的结果。这主要是当地在信件投递、电话服务方面存在缺陷以及人们文化水平低下或者电话不够普及等原因造成的。消费者可能不习惯产品偏好调查，因此在提出相对一国文化习俗来说比较敏感的问题时，要特别小心。另外一个令人讨厌的障碍是，政府编制的统计报告往往带有很强的偏见，尤其是具体商品的进口数字，这就使得对当地需求作出判断变得非常困难。

◼ 定价

　　定价问题在企业营销战略中是第二位重要的。有些企业也许能够通过向海外市场输出以前从不曾在该市场上出现过的产品，在该市场上获得竞争优势。但是，绝大多数公司很可能要面临来自国内或者其他国际竞争对手的类似产品或者替代产品。因此，在刚刚进入某个市场时，国际化经营的企业的营销经理们通常会将主要精力放在定价策略上——这并不奇怪。

　　如果政府没有对价格实施控制或者其他人为的价格限制，那么企业必须根据竞争价格、要求的投资回报、利润率以及近期的战略目标（如市场占有率）等传统因素为其产品定价。许多发展中国家仍对特殊商品进行某种形式的价格管制，因此，有必要首先与政府进行谈判，将价格定在可以保证企业能够获取一定利润的水平上。或者，企业可向其他领域提供多元化产品，以弥补价格受管制的产品带来的损失。

　　不仅仅是直销活动存在定价问题。实际上，当企业试图出口可在当地市场生产的货物或者服务时，定价问题同样也是一个非常重要的考虑因素。例如，如果东道国的货币比较坚挺或者汇率过高，国外生产者出口的产品的实际价格就会被抬高，产品销量可能会因此而受到影响。相反，一国货币贬值可能会使企业出口的产品更具吸引力。出口补贴对于企业的定价策略也有重要的影响。

◼ 促销

　　针对海外新市场的促销策略包括选择适当的媒体宣传企业的产品、制定营销策略以及为客户提供服务与支持等。

☐ 媒体的选择

　　在制定促销策略时，管理人员可能要从诸多媒体中进行选择。但是，根据目标国家消费者的收入水平和经济发展水平的不同，每种策略的有效性也会有很大的差别。可供选择的促销渠道包括报纸杂志、广播、电视、电影、广告牌、海报、直接邮寄和电话销售、销售代表直接进行介绍、互联网广告以及非正式的通信渠道等。另外，可用以购买和使用各种资讯工具（比如电视）的收入、当地人的识字率、当地市场上目标客户的地理位置等也会影响到媒体的选择。

整体趋势是，随着一国国民收入水平的提高，广告支出占 GDP 的比重也会越来越高。

■ **报纸杂志**。在许多国家，报纸杂志是提供广告信息的传统途径。遗憾的是，在做主要采购决定的群体的识字率都比较低的国家中，平面媒体的效果不是非常有效。为了制定有效的平面媒体策略，营销经理需要分析在海外市场上谁才是自己产品的主要购买者。

注意事项 ✍

在国家 A 中，由于人们近年来受教育水平不断提高，识字率在上升。但是，大多数社会中作为平面媒体主要购买者的中年人并没有获得受教育的机会，因此他们不太可能购买报纸杂志。在国家 B 中，男女之间的识字率差别很大。男性通常决定着整个家庭的采购事项，其中包括女性用品的采购，因此广告信息的重点应该放在购买者（男性）身上，而不是放在消费者（女性）身上。

此外，还应对报纸杂志的发行模式进行分析。在许多国家中，报纸主要在人们识字率高、发行成本低的城市地区发行。报纸和杂志的发行量通常会受到严格的限制，要求人们共享报纸，这样一来，广告信息到达大批潜在购买者的时间就被大大拉长了。杂志的覆盖面则可能更窄，通常仅限于在某一特定社会经济群体内发行。但是无论如何，这种媒体形式都为市场细分提供了值得引起我们关注的机会。

管理人员还应更进一步对一国自己现有的平面媒体，而不是在该国销售或发行的国际平面媒体做一个调查。如果国内的平面媒体主要是归政府所有或者是由政府负责出版发行，那么企业的管理人员还要决定是否在这些报刊或杂志上刊登广告。因为除了政府对广告内容的限制外，在这类媒体上刊登广告还意味着与当权的政权的一种政治合作，至于这种做法是否可行，则取决于潜在目标客户群的偏好。虽然说可供利用的国际平面媒体可能印制更精美、更华丽，并且可以同时覆盖多个国家的市场，但是这类媒体常常被人们束之高阁；消费者通常还是更喜欢当地媒体，因为它们更符合这些人的语言和文化习惯，也更贴近当地人的生活。

注意事项 ✍

在某个目标国家，一个跨国企业要求当地的几家企业为他们提供当地现有的国际报纸和杂志的清单，以便确定是否要刊登广告（作为该跨国企业在当地消费者心中享有盛誉的证明）。结果，当地企业非但不知道这家有着百年历史的跨国企业的名字，而且连五家国际平面媒体的名字都说不出来。随后，这家跨国公司向这个国家派出了自己的代表，结果他们在该国首都的书店和路边报摊上发现了成堆的报纸和杂志。很多商店都堆积着20多种国际杂志，其中有些是过去4～6个月内出版发行的。当地企业是有意欺骗，还是根本不知道这些媒体的存在或者是对它们的存在根本不感兴趣？

不管是选择国内媒体还是国际媒体，在某些国家，你都会面临广告内容受到监管的问题，进而需要对其进行修改。比如，有些国家禁止为任何酒类制品做广告。许多国家还专门设立了监督检查机构，对政府官员认为违反宗教信仰（印度）、道德规范（伊朗）或者有损政治人物形象或政策（越南）的广告予以责令整改或者取缔。在这些国家，企业必须找到独特的方法，保证广告可以及时和消费者见面。

■ **广播和电视**。在很多发展中国家，广播是一种非常普遍而强有力的宣传工具。实际上，在某些国家，收音机的保有率通常要高于电视的保有率，因此，借助这种工具可以将信息送达平面媒体不易覆盖的农村或者偏远地区。电视的保有情况很大程度上取决于人们的收入水平以及可供利用的基础设施。奇怪的是，在新兴市场上，当人们的收入水平有所提高、基本生活得到保障之后，最先购买的产品之一就是电视机。通常来说，城市中上阶层的电视机普及率最高，因此，企业应该锁定这一广告对象。在收入水平中等偏下的国家，如果有着大量的电视用户，那么在这些国家，将主要费用花在电视广告上也就没有什么值得奇怪的了。随着一国经济的发展，企业花费在电视广告上的费用所占的比例会逐渐降低，越来越多的预算将被转移到平面媒体和直销上面。

还有几件事情也是营销经理们在策划广播和电视广告时需要注意的。首先，在许多国家，政府对广播和电视广告实施控制。实际上，有些国家禁止在广播中插入商业广告。其次，电台和电视台通常为国家所有，这就意味着政府可能会控制广告的插播时间和时长。第三，在决定是否采用电视促销这种途径时，人均电视机的保有量可能是一个有着欺骗性的参考指标，因为很有可能的情况是在城市每户家庭看一台电视，而在农村则是几户家庭共看一台电视。

■ **其他媒体**。其他促销媒体的使用及效果在不同国家之间差别很大。例如，在发展中国家，电影院是一种新式和颇受欢迎的娱乐设施，在播放电影之前甚至在电影中，经常可以看到一些商业广告。广告牌和海报则是一种成本相对比较低廉的广告方式，但是其有效性通常难以衡量。直接邮寄宣传页和电话营销方式通常用于拥有可靠的邮政和电话通信系统的国家，而且往往是在经过市场调查确定了适当的目标客户群之后采用。有些欧盟国家，比如德国，对于直销特别是电话销售有严格的限制（因此，在营销活动开始之前，必须认真了解目标市场上的规章制度)。最后，在某些地区，信息交流即所谓的"口头传播"可能是一种非常有效的营销途径。比如，与当地社区或者商界领导人召开一系列会议，商讨在该地区开辟新贸易渠道的问题，很可能会收到意想不到的效果。这样做既能够激发起人们对于你方产品的兴趣和热情，同时也能为当地创造就业机会。

互联网广告也是一个选择。随着互联网在工业国家的普及，许多企业纷纷把握机会，将互联网广告用作一种有力的销售策略。一些持乐观态度的人认为，互联网广告是一种相当不错的广告形式，借助它可以将广告信息传达给世界上各个角落的消费者，而无需耗费人力、物力、财力在每一个目标市场上开展促销活动。遗憾的是，互联网并不是解决国际营销问题的万能灵药。一方面，在很多国家，互联网的使用远远没有达到普及的程度；另一方面，企业还必须妥善解决不同市场在语言、文化以及偏好等方面存在的差别，以保证消费者能够理解相关广告所希望传达的信息。此外，付款以及货物或者服务的配送仍然依赖于传统的基础设施。尽管如此，企业仍可以在自己的网站上对己方产品进行说明，并且给出各地销售代表的联系信息，因此，这仍然不失为一种有效的投资。当企业在海外市场从事直销活动（即 B2B，企业对企业）时，更是如此。

□ 营销广告

对于任何国际化经营的企业来说，如何制作出有效而且富有吸引力的营销广告是一个实实在在的挑战。语言和文化上的差异常常会引起人们的严重误解。因此，在制作营销广告、分析企业希望在某一新的目标市场使用的广告材料时，至关重要的一点就是让熟悉当地市场的人员参与进来。

首先要考虑的是，目标市场是否使用几种截然不同的语言。比如，在撒哈拉以南非洲以及亚洲的很多国家和地区，尽管为了统一语言，政府努力将某种方言推广为本国或者本地区的官方语言，但是实际生活中使用的语言仍然有很大差异。不管怎样，如果使用另一种方言的潜在客户数量较大，那么企业就必须考虑采用各种特殊的营销途径以便将这些差异考虑在内（比如，在印度，营销人员就需要克服 18 种"官方"语言和 1 600 多种方言带来的困扰）。

导致营销工作让人不够满意甚至是失败的另一个潜在原因在于对其他语言中的单词或者词组的直译。这方面一个很典型的例子就是台湾人将"COME A-LIVE WITH Pesi"这句话，翻译成了类似于"百事可乐可以令你的祖先们起死回生"的意思，实在是令人哭笑不得。显然，这并不是广告想要表达的真实含义。

最后，为了确保本地广告信息准确无误，了解文化习俗是非常重要的。在

101

许多情况下，广告人物的姿势、采用的主色调以及着装在一个国家可能很受欢迎，但是换到另外一个国家则有可能被认为是有侮辱性的。因此，在广告中加入性感的画面时，必须特别小心。例如，某些国家的消费者可能非常喜欢香水广告带来的遐想——使用广告中的产品可以使很多男性对你产生厚爱。但是，同样的做法如果放到伊斯兰国家，就显得非常不合时宜，因为在这些国家，与女性公然调情是一种社会禁忌。另外一个例子则是，在中国做广告要尽量避免使用数字 4，因为在汉语中其发音和"死"非常接近。

□ 客户服务与支持

客户服务与支持工作将重点放在产品生产和销售之后的环节，也是企业工程策略和营销策略的一部分。从工程的角度看，支持与服务包括企业提供技术指导、担保、其他维修行为或者零配件的能力；在某些情况下，还包括企业自我完善与提高的能力。作为一种营销手段，客户服务与支持是令客户满意、建立客户忠诚度以及进一步加深联系的有效途径。它可以使企业更好地了解客户不断变化的需求。实际上，在产品售出后与客户进行联系和沟通，常常给企业带来研发新产品或者对现有产品设计进行改进的灵感——这些都可能成为企业产品线中的一部分。

在发展中国家，客户可以获取产品信息的渠道非常有限，消费者对产品及其隐含技术了解甚少，因此，在这些国家，客服问题就显得尤为重要。良好的售后服务与支持工作不仅有助于企业赢得消费者的信任，而且可以帮助企业和当地消费者共同合作，设计出适销对路的新产品。

与生产和销售环节一样，在客户服务与支持工作方面，企业面临的一个重大选择就是确定是通过内部人员直接完成这些工作，还是分包给第三方。商业计划书中应该说明企业针对该目标市场制定的计划是什么。企业还应该特别关注利用第三方提供售后服务与支持可能会带来的风险。显然，第三方公司的任何疏漏都会导致客户的严重不满，即便不会波及其他国家，至少也会影响到企业在当地市场上的"声誉"。此外，外包可能会导致企业失去和产品最终用户直接交流的机会。最后，企业还必须注意，不要将大量专有技术信息泄露给承担着销售工作的第三方。投资者可能更担心第三方滥用这些信息，削弱自己的竞争力。

▊ 分销

即便是价格合理、质量过硬的产品，企业也会发现分销是一个让人非常头疼的问题。在进军一个新的海外市场之前，企业必须考虑到如何将产品发往全国各地。分销必须快速、可靠而且成本低廉。否则，客户可能会转向其他供应商以满足他们对产品的需求。这样一来，企业用不了多长时间就会发现其远离潜在的终端用户的工厂里堆积着大量的库存。

分销在发展中国家是一件格外困难的事情，因为这些国家通常缺乏必要的基础设施。企业在进入基础设施薄弱、电信服务质量较差、仓储设施不完备以及/或者缺乏维护的海外市场时，常常会碰到很大的阻力。分销渠道还可能会因为存在太多中间环节而受阻。产品从出厂到抵达最终消费者手中，中间经过4～8个"中间商"是不足为奇的一件事。此外，调查发现，在许多发展中国家，分销渠道通常被某个家族或者显赫的政治人物所把控。这有助于企业为了和他们建立良好关系而制定相应策略。最后，缺乏有效的信息沟通将导致市场不完善，在同一个国家，相同产品的价格可能会有很大差别。

企业通常愿意与当地公司组建一个联盟，以便在新的海外市场上分销其产品。在作出这样的决定之前，需要权衡建立专属的分销体系的成本（以及有力地控制着分销渠道所能够带来的其他收益）以及简单和合作伙伴扩大现有分销体系和关系所带来的预期效果。需要考虑的因素可能包括当地分销商所控制的网点数量、分销商现有产品组合以及具体的销售活动所存在的利润空间等。另外，还必须考虑到分销商成为自己的竞争对手的潜在风险。利用当地分销商可能只是企业进入某个新市场的第一步。企业可能希望保留有关权力以便将分销工作掌控在自己的手中——这也许可以通过将来收购分销商来完成。即便是采用组建战略联盟的做法，企业也必须建立有关机制，让自己的代表参与产品的市场投放。这是收集和当地市场以及客户需求有关的信息的最佳途径。

忠告 👉

技术水平较低、本土生产的消费品很少的国家通常不允许外国生产商对本国分销渠道有任何程度的控制。相反，本地企业有"加价"的权力。

如果企业决定建立自己的分销体系，就需要考虑一系列因素和潜在问题。首先，必须认真测算取得或者建立必要的分销渠道和仓储设施的成本。在某些情况下，企业在建立非传统分销网点——包括露天市场和街头商贩经营的小商店——方面可能做得很成功。不管是在什么情况下，地理位置都是至关重要的，企业必须参照本书前面介绍的流程，确定自己是否将销售网点设置在了合适的区域。其次，企业还必须考虑是否需要开展与分销有关的活动，这类活动与他们在本国市场上开展的活动有着显著的区别。例如，如果当地运输能力不足，那么企业可能需要建立自己的运输系统，以便将货物运往全国各地。同样，如果当地的银行系统不能或者不愿意提供商业信贷服务，那么企业可能就需要向零售商提供贷款。

一种有效但是也极具挑战性的中间策略就是，将企业在母国的分销战略与在当地市场的分销策略结合起来。

注意事项 ☞

某加拿大公司生产一种大多通过直销商店送往美国和国内主要超市的小点心。当该公司计划将其产品推向墨西哥市场时，他们发现当地市场严重依赖小规模的家庭商店销售体系，客户流动性差，购买量小，而且光顾商店的次数比较少。这种购买模式导致零售商面临着流动资金不足的困境，限制了他们大批量采购的能力。此外，这种小超市无法承担大量的库存。因此，这家加拿大公司组建了一支大型的货物配送车队，增加为这些家庭式小超市送货的频率。最后的结果是，该公司利用墨西哥当地的传统分销体系，成功地进入了墨西哥市场。

上面的例子中提到的加拿大企业在墨西哥市场上的做法——被积极推广到全球其他欠发达的市场——说明，将现有分销体系作为创建新的销售渠道的基础可以给企业带来很多的机会。例如，在发展中国家，快餐公司通过将现有街头商贩和小快餐店延伸为特许经营店，成功地在主要城市地区建立起了连锁销售网络。当然，这些特许经营店将当地口味融进了菜单，但是却保持了在快捷服务和成本控制方面的原有优势。有些还衍生出了强有力的竞争者，比如针对麦当劳和汉堡王的许可经营战略，比利时有了自己的快餐连锁企业——快客（Quick）。

第11章

计划书第六部分：管理与组织结构

如果所有人的想法都是类似的，那么肯定有人没有思考。

——乔治·巴顿将军

如果没有良好的管理和适当的组织结构，即便是顶级的产品或者是最优秀的产品研发人员也一样无法取得成功。在实际生活中，如果没有专业管理人员参与商业计划书的撰写工作，那么聪明的投资者通常不会认真予以考虑。即便计划书只是供内部使用的，依然说明整个团队以及管理人员的具体情况是一项非常重要的工作。每个参与撰写计划书的人都应该在某个行业或者在商界有着良好的从业记录。对于国际化经营的企业来说，管理和组织问题尤为复杂。因此，在商业计划书中必须对这一部分内容做一个详细说明。遗憾的是，很多商业计划书忽视了这一点，起草者大多将重点放在了对新产品的陈述上。好的想法不难碰到，一个优秀的经理人却是很难得的财富。

■ 高级经理和企业所有者

如果你的商业计划书在某种程度上是提供给外部投资者使用的，那么对企业高级经理人员和企业所有者的介绍应该成为其中不可或缺的一部分，具体来说则包括：

- 管理团队成员名单、技能和经验；
- 高级经理人员的招聘与薪酬政策；
- 董事名单及各自的从业经验；
- 企业所有者姓名以及所有权结构。

□ 管理团队成员名单、技能和经验

商业计划书在列举经理人员名单时，应注意使有关人员的姓和名必须很容易区分开来。在跨国或者跨文化组建的管理团队中，成员的名与姓区分不清可能会导致严重后果。为了避免招致疑惑和麻烦，还应该给出经理人的性别。此外，还应说明高级经理们所具备的才能、从业经验以及以往业绩，并且将这些背景资料与企业的需求结合起来。不能只是简单地给出这些人的受教育程度和工作职位，还应该说明这些内容与他们在公司中的职位和所承担的责任之间有怎样的关系。

投资者希望明白经理人员的从业经验是否与企业的目标要求相吻合。为了对商业计划书进行评估，他们必须了解每个人以前的工作经历。此外，他们还要判断一下经理们的才干是否能够带动企业向前发展。他们不希望自己在投资之后还要为更换经理人选这类问题操心。

即便商业计划书只是供企业内部在开展全球业务时参考，也需要对高级经理们的才能和经验做一个说明。在这个过程中，你可能会发现管理团队中有人以前曾有过在某个海外市场从业的经历，或者曾经在积极推行全球营销或制造战略的企业中任职。这些人是企业招聘新的管理人员时的宝贵人才储备库，此外，还可以通过这些人了解企业在进军海外市场时可能会遇到的问题。

在很多情况下，有些重要的经理职位在起草商业计划书的时候还是空缺的。因此，商业计划书应该告诉读者，企业对预期的所有管理人员所提出的要求、为填补职位空缺进行的招聘活动的时间安排、能够胜任这些岗位的具体条件。比如，对于一家刚刚创办的企业来说，可能会在融资活动结束之后，再去招聘经验丰富的财务总监。但是，投资者在作出投资决策时，总是希望其资金能够得到切实的良好的保护。所以，国际商务计划书应该事先确定企业在每个目标国家中需要设置哪些关键的管理岗位。

注意事项 ☞

经理人员自身可能对商业计划书如何介绍他们非常敏感。计划书的编写者或者编辑人员应该让所有经理人根据统一的要求（比如，字数和适当的经验说明等）自己编写一个"微型简历"。当然，最后，经理人员"自我表扬"的部分通常会被舍弃。这样做既可以节省时间，又能够避免伤害他们的自尊心。另外，这样做还可以清晰地显示出每个经理人员能够为企业开展新业务作出什么贡献。这通常属于说明性的问题。

□ 招聘与薪酬政策

商业计划书应该写明企业希望通过怎样的方式来招聘主要的经理人员，为后者提供什么样的薪酬。各个国家在支付薪酬时做法各异，也没有哪种做法可以一直适用于企业在各个国家的所有人员。商业计划书中应该列明那些可能包含在薪酬中的基本工资、奖金、股权激励计划、分红计划等。要注意的是，在某个国家非常普遍的退休或者医疗津贴，在另外一个国家可能是一个全新的概念。在提供这些福利项目并且政府对此进行严格监管的情况下，这些福利支出甚至属于应纳税项目。

注意事项 ☞

综上所述，你必须确定企业为员工提供哪些回报。在可能的情况下，薪酬应该与具体的重大商业成就挂钩。当企业进军海外市场时，这一原则就显得更为重要。薪酬结构应该体现公平的原则，而且必须能够体现出与具体工作有关的各种风险。除此之外，薪酬结构还应该能够促使各方的目标协调一致。

□ 董事名单及各自的从业经验

假设企业的组织形式为一个有限公司或者有限责任公司——这是世界各国最为通行的企业组织方式——那么，一旦出现管理失误，其责任应该由董事会或者类似的机构来承担。因此，有必要在商业计划书中列出董事会成员的名单，同时也应该对他们的背景、经验以及与企业的关系做一个说明。不能随便任命董事一职，每个董事都必须能够实实在在地为企业创造价值，提供有用的参照经验，并且能够为企业带来客户。

忠告 ☞

当企业进军新的目标市场时，应该至少聘请一名具有丰富的当地从业经验的董事，并与当地企业或者政府机构签订相关协议——这样做将会使企业受益匪浅。

□ 企业所有者姓名以及所有权结构

当然，如果商业计划书是供潜在投资者参考的，那么里面应该包括企业目前的所有者、所有权结构——包括企业所有者的经济权益和投票权——等信息。对于股份有限公司来说，商业计划书中应该包括企业股东名单，以及他们各自的权利、所享有的优先权和以优惠价格认购的股份等情况。如果股东较多，那么除非另有协议规定小股东享有重要投票权，否则，只需要列出主要股东的名单。

显然，企业的所有权结构在新的投资条件谈判中起着重要作用。如果企业已经获得外部融资，那么新的投资者将着重看股东概要，以此作为了解企业投资历史的一种手段。例如，投资者将会查看最近一轮股权融资的时间和定价，并与当前一轮融资中企业希望为每股制定的价格（即估价）进行对比。投资者对主要股东的背景和经验也很感兴趣，包括他们为同行业的成功企业提供支持的历史记录。

另一件需要注意的事情是，某个或者某些现有股东可能有权影响企业进入某一特定地区的战略。比如说，某公司可能会通过允许一家亚洲公司的分支机构享有在亚洲特定国家销售该公司产品的优先权，来换取该亚洲公司对自己的投资。

忠告 ☞

如果计划书的起草人员考虑将股票期权作为向雇员支付薪酬的一种方式，那么，应当指出的是，这并不一定是一种公认的合法的付酬方式。许多国家禁止"延期支付工资"，也有一些国家则对期权的纳税问题有着复杂的规定。因此，在就薪酬的支付方式和所有权结构发表意见之前，计划书的起草人员应该向会计师和法律顾问进行咨询。

■ 组织结构

组织结构是一个非常复杂的问题。这句话背后的含义是，在对企业的各种业务和活动进行组织时，没有所谓的最好的方法。另外，随着企业的发展，不断开发新的产品，开拓新的市场，并且随着高层管理人员的变更，企业的最佳组织结构也很可能会随着时间的推移而改变。尽管如此，在商业计划书中应该说明企业员工是如何组织起来的，对具体业务是如何分工的。

举例来说，一家软件研发公司可根据其不同的业务活动，比如研究、产品开发、系统集成、生产、营销与销售、系统管理、服务与支持等，"横向"进行组织安排。而另一公司则可能围绕某一产品进行组织，从每个必要部门（比如工程部、营销部、生产部等）中抽调业务专家。

无论企业采取哪种组织方式，商业计划书都应该：

- 介绍企业的汇报程序；
- 说明企业的目的和目标是如何得出的；
- 指出企业如何对业绩进行监督；
- 说明企业与客户、供应商以及分销商打交道的方针；
- 阐明企业的财务与预算体系是如何相互衔接的，以便高级经理们能够对特定项目或活动的资金分配及其使用情况进行追踪。

□ 不断发展变化的组织问题

新成立的小公司的组织结构可能非常简单，其大部分资源都投入到了新产品的研发中去了——这可能是在承担其他管理工作的人员的监督下进行的。在这种情况下，工作重点放在产品开发上就意味着没有太多的精力去关注企业的日常经营以及产品的分销等具体业务。

因此，商业计划书必须不断改进和完善，说明企业关于如何全面建立其组织结构有着怎样的构想。这种构想的实现首先是通过引进经验丰富的高级经理，接下来则是招聘必要的人力资源。如果企业在未来需要招聘紧缺人才（比如，软件工程师），那么，计划书中应该说明它依据什么认为自己能够找到所需的人选。

组织结构的变化是不可避免的，这意味着不同人的作用也会随着时间的推移而发生重大变化。比如，同时分管会计、财务和人力资源等工作的行政总裁可能需要将工作拆分给三、四个人。同样，随着企业招聘到新的管理人员，早期负责创办和管理企业的科研人员最终会重新回归研发和技术指导的岗位。

□ 全球组织问题

在为开展全球业务而撰写商业计划书时，必须就企业的整体结构问题作出重要决策。同样，还必须建立相应的流程和机制，以促进信息在企业内部的交流。进行国际化经营的企业的组织结构必须足以保证经营权能够交给那些具备作出战略决策所需的必要技能和信息的人。同时，该结构还应该具有很强的灵活性，以应对在具体国家或地区所碰到的特殊问题。因此，有必要设立职能小组来负责新产品和新项目。

■ 地区结构。尽管当企业计划在全球范围内开展业务时，有很多的组织形式可以选择，但是等级结构形式是非常普遍的一种形式。在该形式下，企业高层管理人员按照地区进行细分。例如，企业的首席执行官可能会为美洲（包括北美洲和南美洲）、欧洲和亚洲各业务部门各任命一位高级经理。选择这种结构的主要原因是，企业需要在该地区的工作日内作出适应于该地区的决策。另外，地区差异化显然是将那些在文化、语言和大环境方面具有类似问题和相应的解决方案的各类市场结合在一起的最可靠的方式。

每个属于"高层"范畴的区域都可以按照国界、地缘政治关系、语言、社会和文化背景或者基础设施进一步细分为更小和更自然的地理区域。比如，美洲业务可以划分为北美洲和南美洲（或英语区、西班牙语区和葡萄牙语区），每个区域都有自己的总经理，他们有责任向美洲区的高级经理汇报业务进展。在某些情况下，企业还会对这些区域做进一步的划分（比如，进一步划分为美国、加拿大和墨西哥等）。但是，管理层划分的过细会带来决策者增多、决策进程被延缓等问题。

无论区域细分最终确定在哪一层级，该地区经理下一步要做的工作就是甄选将对具体产品的发展方向负主要责任的管理人员和一般职员。小型团队的数量应该接近于企业在全球范围内提供的产品和服务的种类，从而使同一产品的不同地区的经理能够相互沟通。当然，企业也可以单独任命经理，来处理不面向全球而是只针对某一地区销售的产品的问题。但是无论如何，每个团队中都应该包括来自所有重要销售地区的代表，包括会计、财务、管理以及营销人员等。一旦该产品停止供应，该团队的人员将会被调配到该区域的其他新项目中去。

■ 首席执行官的全球职能。随着业务向海外市场的不断扩展以及企业结构按前面提到的方向的不断变化，需要考虑的另外一个组织结构问题就是企业的首席执行官职能的转变。随着权利和责任逐渐转交给各个地区的高级经理们，首席执行官的职责也会发生重大变化。随着组织结构的变化，首席执行官会将更多的时间放在区域间的资源分配上，另外还要确保能够有效地制定和传达与全球产品有关的任何决策。这意味着首席执行官需要建立一个完善的通讯系统，以便能够将不同国家和地区的产品经理们联系在一起。首席执行官的另外一个主要职责是，保证董事会能够获悉各地区高级经理针对企业的长期战略有着怎样的建议。一个精心组建、信息灵通的董事会能够为对企业所需的各种资源进行管理提供强有力的支持。

第 12 章　计划书第七部分：人力资源

人类是一种会讨价还价的动物，这是所有其他物种都无法做到的。

——亚当·斯密

　　所有企业都涉及人力资源管理问题。人力资源（HR）管理包括员工的招聘和选拔、培训、薪酬、考核和晋升以及劳动关系的终止等。不管企业规模是大是小，对人力资源的管理都是一项重要职责。全球人力资源管理被认为是企业为实施海外扩张战略制定规划时最重要、事关战略成败的因素之一。这也是一个容易产生冲突的领域。事实上，糟糕的全球人力资源管理会导致企业在开展国际业务时以失败告终。因此，在企业进行海外扩张以前，应该妥善解决人力资源管理的问题并将这一点问题作为一个关键因素写入国际商业计划书中。

■ 一般信息

　　商业计划书应该能够让其读者对企业的人力资源状况有一个很好的了解，其中包括：

- 主要业务区域所涉及的员工人数；
- 薪酬支付方式；

■ 工作性质描述；

■ 劳动合同或者协议的主要条款；

■ 员工结构，包括工会关系、员工的技能和道德的相对水平等；

■ 员工福利计划。

在许多国际商业计划书中，对人力资源管理问题的讨论都不过是对统计数据的简单陈述，其中包括每个业务领域的员工人数。但是，最好的做法其实应该是说明企业将如何组建一个由既敬业又有才干的管理人员和一般员工组成的强大团队，以及如何充分挖掘利用他们的潜力，如何对他们进行激励等。如果企业所在的行业竞争非常激烈，或者属于发展迅猛的行业，那么人力资源管理就显得更加重要了。企业中具有特殊才能的人会成为其他公司竞相追逐的对象。如果可能的话，企业应该将自己的人力资源管理措施与竞争对手的政策进行一个对比。

如果企业雇员很少，那么商业计划书应该重点介绍随着企业不断发展壮大，企业计划通过怎样的途径来寻找和招聘合格的员工。在这方面，需要考虑的关键问题之一就是，企业提供或者愿意提供给雇员的工资和激励措施。具体来说则包括：

■ 购买企业股票的机会（在适当的时机下）；

■ 包括医疗保险在内的各种福利；

■ 奖励措施。

但是，随着职工队伍的不断壮大，企业在人力资源管理问题上必须放宽视野。在这种情况下，商业计划书还应该包括企业在以下方面的政策：

■ 培训与职业教育；

■ 员工交流；

■ 绩效考核；

■ 道德品行；

■ 员工的工作交接。

制定全球人力资源战略时面临的问题

对于任何希望招聘并培训员工，培养和依赖员工忠诚度并要求提高员工工作效率的企业来说，人力资源管理都是一个至关重要的问题。在国际商业舞台上，人力资源的供应以及对人力资源的理解已经得到普遍的关注。如今，管理人员与普通员工的关系需要跨越巨大的时空、文化、道德、宗教以及教育障碍。遗憾的是，企业在制定全球商业战略时常常会忽视人力资源问题，或者简单地一带而过。但实际上，是否制定人力资源战略对于企业的成败来说事关重大。因此，在撰写商业计划书时，不要忘记对如下问题做一个说明。

■ 作为团队一部分的人力资源经理。

令人感到非常遗憾的是，尽管大多数被冠以"经理"头衔的人都认为自己精于人力资源管理，但是实际上，他们当中只有很少一部分人能够正确处理这一问题。你的企业现在有什么样的人力资源专家？作为撰写商业计划书过程中的一个环节，你是否征求过他们的意见？你是否将他们看作是企业国际化经营队伍中的一分子？如果对于后两个问题，你的答案都是"否"的话，你最好抓紧时间弥补自己的疏漏。

■ 员工的选拔与考核。

对于那些将参加企业国际化经营活动的管理人员和一般员工，你是否制定出了适当的选拔和考核标准？你将从哪个就业市场选拔人才——是从国外的当地居民、企业所在国家的国民还是从独立的第三国？在人才选拔过程中，是否需要考虑国籍或住所问题？如果需要，为什么？你选定的去负责海外业务的经理是否能够对当地市场上特定的环境因素作出迅捷的反应？如果目前企业内部没有这样的经理人选，你是否计划招聘具有必要特长的经理，还是自己进行培训？你的商业计划书中是否给出了相应的办法，以确保你所选拔的人员具有必要的专业市场知识和技能（比如语言）？

为进行国际化经营的企业招聘员工是一个艰巨的挑战，在全球范围内进行招聘时就更是如此。如果企业计划进入一个新的海外市场，那么在最终决策之前，应该充分考虑如何招聘并留住当地雇员的问题。此外，还要考虑是否有必要将企业在其他地区的雇员调派到该新市场中。

在海外雇员招聘中所实行的选拔原则很可能与国内招聘原则有很大的差别。例如，企业招聘的职员应该成熟稳重，能够适应新环境，能够经常出差并且能够承受拓展新业务带来的压力，而且在此基础上最好还具备必要的社会和文化经验。技术能力，包括对企业技术和通信系统的熟悉程度，也是非常重要的。雇员必须愿意接受企业要求的培训，其中包括掌握新的语言技能，这类培训是提高海外市场运作效率所必需的。最后，雇员必须具有良好的社交能力，能够很好地与当地工人以及企业内其他地区的经理和同事相处。对于经理人员来说，还应该具备消除海外市场上的误解以及对企业在全球不同地区的分支机构间的交流障碍进行调解的交际能力和技巧。未雨绸缪有助于在出现雇员调动和企业重组时，减轻工作压力和消除不稳定因素。当员工的家庭成员随员工一起被派驻国外时，这将是一个更为敏感的问题。

■ 培训。

你的商业计划书中是否包括了对海外市场人员和新员工的培训计划？你是

否有一套对新雇员进行培训的方法，以便通过这种培训让雇员熟悉企业的产品、了解企业在国内的活动以及在海外市场上的业务？

对于任何企业来说，员工培训都是非常重要的一项工作。因此，在商业计划书中加入培训计划就显得至关重要。比如，根据企业所选择的招聘策略，项目工作人员主要从本国现有员工中挑选。因此，企业需要投入大量资金用于员工的语言和跨文化培训。其中文化培训的重点将放在国内员工需要掌握的技巧方面，以便他们能够了解和重视适用于目标国家的文化标准、目标国人们的期望和交流方式。这种培训可能需要由那些了解新市场情况、经验丰富的顾问和教育专家们来完成。

■ 当地风俗习惯。

你是否仔细分析了当地市场在薪酬以及绩效考核方面的风俗习惯？你的商业计划书是否考虑到了薪酬的支付方式的问题？这种方式与国内一样也能为海外市场所接受吗？如果海外市场在劳动力以及文化习惯方面与你自己的国家有一定差别，那么你的商业计划书中是否包含可以将新的福利概念灌输给海外市场的当地雇员的手段？你是否考虑过你的企业可能需要对工资福利政策进行调整，以照顾到海外市场上流行的做法？

对国际化经营的企业来说，薪酬问题是一个非常复杂的难题。管理人员需要充分考虑当地的情况，并保证该薪酬水平基本上与整个企业在不同国家中对于类似工作所支付的薪酬持平。需要考虑的基本方面包括基本工资、福利以及纳税等问题。

基本工资

在确定国际化经营企业的员工的基本工资时，平等与竞争是需要考虑的两个基本要素。管理人员应该尽量公正、始终如一地对待企业内所有职员，并应该尽最大努力做到同工同酬。此外，工资体系应该非常灵活，以防止由于薪酬问题而妨碍企业在全球范围内统一调配员工。最后，企业在每个国家的基本工资都应该比该地区同类企业的工资更有竞争力。

福利

薪酬不仅仅是指工资这么简单，还应当包括其他各种经济或非经济收益。比如美国的雇员通常还能享受到医疗保险和牙科保险，并且有机会通过企业发行的期权获取所有权收益。在其他国家，福利可能体现为较长时间的带薪休假或节假日。从一个国家调往另一个国家的员工可能会得到一笔搬家费，以及由于两国间生活成本的差别而对基本工资进行调整的金额。

尽管福利和各种补贴在全世界范围内都非常普遍，但是，其效果却因国家而异，差别也很大。为了在一个新的市场开展业务而制定人力资源计划时，企业管理人员需要考虑以下问题：

▼ 在该国，提供给雇员的典型福利有哪些？这些福利与企业在其他国家或者地区提供的福利有何不同？

▼ 该国对于福利有哪些法律限制和要求？

▼ 企业位于其他国家和地区的分支机构向雇员提供的福利中，有哪些可能对新市场中的雇员有吸引力？

▼ 不同国家之间存在的福利差别是否能够通过工资调整进行弥补？

在检查与福利有关的问题时，还应该考虑到养老金和退休金的问题。不同国家的企业对退休职工提供的待遇有很大差别，并且会根据当地习俗以及国民社会保障计划的规定进行调整。但是，不管怎样，管理人员必须对每个国家本土的做法和规章制度进行调查，并且分析如何在企业的整体计划中考虑具体国家的要求。

纳税

每个国家或者地区都有自己的一套税收法律法规，各国可能还会与其他国家签署一系列的税收协定，从而对可能出现的重复征税问题进行协调。比如，从日本调往德国子公司工作的日本人，理论上应该对其在日本和德国取得的所有收入纳税。但是日德两国签订的税收协定以及具体国家的法律将确定其应纳税金额及应纳税的国家。否则，员工有可能会因为担心重复纳税的问题，而不愿意到海外工作。

对于各类雇员薪酬的征税问题，各国的规定可能并不一致。比如，尽管美国以税收优惠作为激励措施，允许企业向雇员提供期权，以便员工能够分享到业务扩展所创造的收益和价值。但是，其他国家可能没有这方面的优惠政策，并且（或）可能更侧重于其他工资形式而不一定是期权（参见前面有关该议题的"忠告"）。因此，国际化经营的企业在以任何形式制定综合性的薪酬计划之前，都必须进行一系列的调研。

忠告☞

被派驻到海外项目的管理人员和一般职员，在其外派期间应该得到很好的照顾。他们不仅承担着日常工作带来的压力，而且还对在异国他乡开拓业务诚惶诚恐。配偶和子女面临的问题也会进一步加大他们的压力。因此，在制定计划时，应考虑到对这些人的预算和支持方面的需要。很多非常有价值、有意义的国际项目只因"国外工作人员"筋疲力尽或者本应可以解决的家庭问题，最后却功败垂成。定期交流，以及及时为海外工作人员提供支持可以很好地避免出现这样的局面。

第 13 章　计划书第八部分：特别主题

我什么都没有发明，我只是发现。

——罗丁

根据具体情况的不同，国际商业计划书中除了前面提到的那些基本话题之外，还应该包括一些特别的主题。本章将简要介绍特定背景下可能会碰到的一些更为常见的问题，其中包括融资战略、设施与设备、企业经营、信息管理、风险管理战略以及规章方面的事宜。

■ 融资

即使是最好的产品，也需要运营资本为企业寻找适当的商机提供资金支持。对于国内企业来说，需要融资的领域包括设施、原材料、营销与销售、员工薪资，以及从产品售出到从客户那里收回账款期间为维持公司运营所需要的储备。需要等上几个月甚至是几年时间才能带来回报的新产品开发活动也需要有现金支持。企业转向跨国经营时需要为开发产品所需的基础设施提供资金，在海外投资设厂或者建立销售分公司也离不开资金的支持。

国际商业计划书中一般包含广泛的金融信息，包括过去的业务成果以及对未来现金收支的预测。这些预测应该和商业计划书中其他部分所描述的确定的资金来源直接联系起来。在说明资金来源时，计划书必须对款项进账时间、来源以及债务融资情况下的还款条件进行预估。

你方公司可以利用各种来源的资金向新的海外市场进军。当然，企业也可以利用现有国内活动所带来的现金流为其国际业务提供资金支持。企业的每笔收入都应该分给企业的所有者或者用于可行项目的再投资。正如本书其他部分所说明的那样，在企业的发展过程中，总有那么一天预计的最高投资回报可能来自新的海外市场，而不是已经日渐成熟的国内市场。

可以专门寻找投资者为一个将重点放在国际化经营与扩张上的商业计划提供资金。如果双方达成协议，同意将约定部分的资金拨付给商业计划书所说明的海外业务，那么可以将资金直接拨付给企业，也可以留出现金用以开发诸如在亚洲兴建新的生产设施或在南美设立合资企业之类的项目。

中小型企业有可能会在本国获得特别政府融资项目的支持，包括政府为增加可重新在本国经济体系循环利用的外汇而制定的各种鼓励发展出口业务的措施。这些项目的囊括范围很广，从以优惠利率直接提供贷款，到直接来自商业贷款人的贷款担保。

无论如何，这一方面的关键问题就是要确保企业有一项明确一致的计划，以筹集必要的资金来按时实施整个商业计划。另外，考虑到全球经济以及海外市场的不确定性，计划书中一定要考虑到保留合理的资金储备，以便在经济状况出现恶化时使用。

设施与设备

商业计划书应该对公司的有形资产（包括不动产和生产设备）进行说明。当然，企业实际厂房和设施的数量、种类取决于企业的类型和开展业务的地理区域。一般来说，企业至少应该有一个总办事处，作为其所有业务记录、高层管理和相关支持人员的大本营。另外，企业还可能有自己的生产设施和销售部门。不管是在什么情况下，有关设施都既可以由企业直接购买，也可以从第三方租赁。

商业计划书应该对企业的主要设施进行介绍，包括地理位置和规模（比如占地面积）、如果租赁设备的话每天应该支付的租金额以及管理层就所列资产是否足以开展公司业务这一问题所秉持的观点。在计划将业务扩展到全球的情况下，对企业所拥有的设施做一个分析可能是非常重要的。每位经理人员以及潜在的投资人都需要决定企业是否有一个切实可行的计划，来引领它成功地进入海外市场。

在制定一项国际商业计划时，起码应该回答的一个问题就是如何在每个新的海外市场为各个分支机构选择一个最佳的位置。这个过程必须考虑到分支机构和潜在客户之间的距离，以及在全国范围内进行货物、原材料和设备运输所需要的基础设施。

设备，包括办公用品、计算机、加工设备以及从事商业活动所必需的其他有形资产，都应该在商业计划书中加以描述。但是，这部分的介绍并不需要像对企业设施的介绍那样详细。计划书还应对企业获取使用关键资产的权力的能力予以论证。正如生产设施一样，设备方面也有很多战略可以采用，其中包括采购和租赁等选择方案。在海外市场上，能否得到所需设备是物流方面的一个重要问题。当充分开发利用公司生产工艺中内在的技术需要特定的设备时，情况尤其如此。

企业运营

除了有关企业管理结构和人力资源方面的详细信息外，商业计划书还应该考虑企业的重要运营领域。在这种情况下，运营指的是维持企业进行日常运行的基本方面，包括诸如发放工资、采购、核算、簿记和依法纳税等一系列活动。

运营活动所涉及的职责将因企业规模和结构的不同而不同。在有些情况下，企业可能只有一位首席执行官（CEO），其基本职责是负责把握董事会制定的企业的总体战略方向。企业还可以有一位首席运营官（COO）。通常情况下，首席运营官负责实施战略，并确保业务的顺利进行。在小型企业中，企业的战略方向和日常运营只由一人负责。在较大的企业中，除了首席执行官和首席运营官之外，还会有其他高层执行人员，包括财务总监（CFO）。

当企业向国际市场进军时，企业运营所面临的挑战也呈指数增长。其中信息管理方面所面临的挑战将在下一部分予以讨论。另外，首席运营官还必须处理各种问题，其中包括：

■ 在海外办事处建立等级制度和会计核算办法，包括人员招聘，针对当地习俗、会计法和税法等对员工进行的培训等。除了税收和会计核算外，还应该有专家来协助有关报告和文件的编制和归档。

■ 设施管理，包括购买和租赁将来进行海外经营所需的不动产。

■ 合同管理，包括针对企业的业务制定标准格式的合同，以及对合同的内部管理人员和外部顾问的管理等。

■ 信息的收集、分析和发布，包括企业生产过程中的生产报告和质量报告。

信息管理

在国际化经营过程中，对成功企业至关重要但是却往往被忽略的特征之一就是有一个有效的全球信息和通讯系统。应该时刻牢记的考虑因素包括不同时区、工作时间表以及适用于整个企业的各种计算机标准的制度的地区差异。基于这些问题，大型企业通常还会聘请一位首席信息官（CIO）。

☐ 时区和工作时间表

国际化经营的企业的计算机系统在编辑、发布日程和生产信息时必须能够自动处理时区问题。另外，企业在世界各地的工作时间表可能各不相同。比如，有些分支机构可能由于气候条件和地方习俗的缘故而早上班早下班。另外一个需要考虑的因素是各地对不同节假日的规定。这些因素都有可能导致信息的制造、生产以及需要传达给其他地区的各种信息的传递被延误。

☐ 计算机标准的制定

在理想的状态下，国际化经营的企业将能够为整个公司的计算机设备制定并实施各种通用的标准。其中包括通用软件程序和配置以及在整个企业内使用具有同样技巧和经验的地方供应商。遗憾的是，受到特定地区设备类型和支持服务的限制，这一目标往往难以实现。在制定企业信息管理和通讯标准时，国际化经营的企业通常需要考虑到这些缺陷，并且适当留有余地。

风险管理战略

不管其业务范围是大是小，每个企业都会面临各种风险。商业计划书应该考虑到与公司业务有关的各种机遇和风险。诸如产品责任索赔、失窃以及资产被破坏等日常商业风险无须格外关注，但是对于一些更具挑战性的问题，比如由于海外政局动荡而引起的海外资产被罚没以及原材料供应暂时中断等该如何应对则需要给出详细的说明。风险管理方面可供采用的战略很多，其中包括购买保险以及为确保应收账款记录得以更新、供应商履行其合同义务而制定内部

119

管理办法。

监管问题

根据情况，商业计划书可能要详细讨论企业在各个市场上配送和促销产品时所必须克服的监管问题。比如，如果企业的活动涉及新药品的开发，那么商业计划书必须介绍与该产品功效和安全测试有关的规章制度。特别地，该计划书应该包括拿到有关方面的批准所需要的时间，以及为通过测试可能花费的成本。

补充信息

我们无法通过一个标准的表格或者附件清单说明哪些内容是必须列入国际商业计划书的，也没有一个标准的格式是我们必须采用的。通常情况下，为加深读者对你方公司以及公司业务的了解，大多数计划书都列有各种项目。如果可能的话，还会包括有关表格的索引或目录。这样的话，你就可以很方便地找到所需的资料。

在常见的计划书样本中，最重要的内容是下一章将要讨论的财务报表。另外，你可能还需要将以下补充信息中的一项或者几项纳入商业计划书中。

- 重要经理和雇员有关公司设想的详细内容；
- 专业参考文献；
- 产品/样本的照片或图纸；
- 专利简介；
- 市场分析报告、行业杂志以及第三方评估机构完成的报告或者文章；
- 重要客户、供应商以及经销商清单；
- 制作的广告、企业宣传册和促销材料；
- 主要合同简介；
- 章程性文件（即企业执照、章程）以及股东之间的重要协议；
- 对商业计划书中有关信息做进一步阐述的图表。

第 14 章

计划书第九部分：财务信息

自然利润是衡量正确与否的尺度。

——托马斯·霍布斯

人们创办并经营一家企业的动因有很多，其中最重要的一个就是赚钱为业主和投资者提供投资回报。因此，商业计划书中应该包含大量的对财务信息的财务分析。尽管企业的高层管理人员对于企业的财务状况非常熟悉，但是，这些财务信息的编制工作应该交由那些有专业知识的人来完成。在大型企业中，首席财务官是承担这项任务的主要人选。对于规模较小的企业来说，首席执行官将承担这项工作，但是一般需要有独立会计师的协助。

■ 重要的财务报表

与财务有关的主要内容包括：
- 历史财务报表；
- 预编财务报表；
- 营业预算。

在商业计划书用于资本筹集的情况下，还应该估计所需要的现金量。其中包括收益预计将用于哪些方面以及资金返还给投资者的方式（公开销售企业股票、出售企业、债券赎回或者定期偿还等）。这些通常被称为"退出战略"。

对一个希望实现规模扩张的现有企业来说，历史财务报表和预编财务报表主要包括三大部分，即资产负债表、收益表和现金流量表（新企业只有预编的这三大报表）。这应该包括3～5年内的相关报表——最近两三年提供月度报表，以前年度提供季度报表。计划书的财务部分应该对这三大报表的内容进行总结性介绍，详细的报表则和其他补充材料一起作为附件附在计划书的最后。除非已经接受过审计，否则无须专门对报表进行审计。但是，财务报表必须根据企业所在地的"公认会计准则"来编制。

预算应该涵盖启动期间和持续经营期间。另外，与历史报表一样，商业计划书的财务部分应对预算报表的内容进行概括，详细情况则可以作为补充材料。

历史财务报表

历史财务报表的用处很多。首先，它反映了企业当前的状况——企业是处在萌芽时期、腾飞时期还是全面发展时期？从经营方面来说，其收入和支出相对于竞争对手来说处在什么水平？其在生产、营销或者管理方面的支出是否高于其他竞争对手？是否有必要对企业的经营方式进行调整？如果有必要，预计可以节省多少成本（或者说增加多少利润）？

其次，这些报表能够告诉我们企业过去的管理情况。企业是否妥善利用了资金，还是存在浪费现象？企业是否有效地把握住了各种商机？如果没有的话，可能就需要在管理方面做出调整以吸引投资者。另外，企业是否能够满足其经营预算的要求？如果没有，商业计划书应该解释为什么会这样，并且说明应该采取怎样的措施来纠正这一情况。

商业计划书还应该对企业的会计制度做一个说明，并且在适当的时候介绍一下企业的库存控制机制。同样，还应该列出所有外部会计师和审计师的名字，同时说明他们为你工作的时间有多长。

预编财务报表

尽管财务部分的每项内容都很重要，但是有些读者（特别是那些有财务背景的读者）会将其大部分注意力放在预编财务报表上。因此，一定要保证预编财务报表是准确的、有依据的和有说服力的。

要使预编财务报表具有可信度，预测内容应该和过去的业绩相一致。各预测指标之间应该是协调一致的。比如，如果你预计的销售收入为 100 万美元，那么该项预测还必须包括足以支撑这一收入目标的库存准备和销售成本。

□ 免责条款

当预编报表是用于筹资目的时，应该包括免责条款。通过这些免责条款声明，尽管企业管理层对预测目标持有信心，而且重要假设也是合理可靠的，但是，企业并没有承诺其经营状况一定会达到预期目标。免责条款应该使用大号粗体字。

□ 风险因素

当用于筹资目的时，很多计划书中还包括一个风险因素清单。这些风险因素可能会限制企业实现预期目标的能力。不管你在其他地方是否已经将风险因素考虑进来，最好在某个部分（通常是预测部分）专门再对这些因素做一个简要的说明——即便你只是为了提醒读者参看详细介绍，也该如此。

□ 假设

计划书还应包括你在编制财务报表时所依据的重要假设。这些假设将有助于读者了解你是如何得出结论的。在需要做出调整以考虑经济条件和市场状况的变化时，它也能起到一定的作用。比如，如果你假设通货膨胀率为 3％，而实际上升到 5％，那么你就可以确定由通货膨胀率的变化而引起的变化有多少，以及有多少变化是由其他原因引起的。

至于具体来说哪些财务假设对于你的企业起着重要作用，将取决于企业的经营范围以及与企业有关的特定经济风险。比如，如果对于消费品生产企业来说，其所应该考虑的具体财务假设如下：

- 国家和地方收入所得税；
- 薪资税；
- 雇员福利；
- 应收账款：付款滞后的款项，取决于你所在的行业（仅涉及现金流量表）；
- 坏账准备；
- 存货：高于下一会计期的预计销量一定百分比，并且在销售前的一段时间内生产的部分（仅涉及现金流量表）；

■ 销售与营销费用：预计销售价格的百分比。

你还应及时对预测进行调整，以考虑通货膨胀率、利率、币值变动、生产能力以及市场增长等变化情况。

■ 营业预算

商业计划书是对你打算如何经营企业所进行的全面概括。比如，假设你计划生产一种改良的器具，并在全世界建立经销点，扩大管理团队并且抢占 10％ 的市场份额。

如何完成这些目标要受到具体预算的限制。比如，你将在研究、开发、生产和销售方面支出多少来实现商业计划书中制定的目标？

如果你正在打算将业务拓展到新的海外市场，那么你应该准备两大类预算。第一类是启动阶段的预算，第二类则是业务启动并开始运营后（即经营阶段）的预算。区分这两类预算的另一种方式是，启动预算打破坚冰让项目动起来，而经营预算则说明你将如何让项目滚动起来。

□ 启动

关于这一类预算，应该说明你将采取哪些措施来组织企业。在这一阶段，你会遇到很多不会重复发生的一次性费用，比如购买设备和场地，以及保证金和预付定金等。

如果说即便是在设备、场地、人员等都配备齐全之后，企业仍然需要等上一段时间才能将产品推向市场，那么你启动阶段的预算应该将这一段时间考虑进去。比如，如果购置设备需要 6 个月的时间，进行设备调试额外需要 3 个月的时间，那么预算应该囊括 9 个月的时间。

启动预算中所应包括的一些项目有：

■ 预算期；

■ 执照和许可证；

■ 设备；

■ 原材料和供应；

■ 存货；

■ 折旧；

■ 人员，包括工资、福利、培训以及教育；

- 法律、会计以及其他方面的专业服务支出费用；

- 保险；

- 营销、广告和促销；

- 佣金；

- 水电煤气等费用；

- 税负。

注意事项☞

在编写计划书时，一定要确保将预算期间内企业的所有收入都包括进去。另外，可考虑进行小规模的启动活动。很多企业在业务全面展开之前，都会通过一些小项目来投石问路。

□ 经营

经营预算的期限从公司开业算起。这一部分内容主要反映你将如何花钱、何时有收入以及如何弥补收入和支出之间的差额。特别地，如果在开始的几个月或者几个季度里，你的经营将会出现赤字，那么你需要说明如何来弥补这一期间所需要的资金。

经营预算的某些项目和启动预算相同，但涉及的具体活动则不同。重点已经从启动转变为运营。这一阶段的很多数据低于启动阶段的预算。比如，在启动阶段，因为企业需要建设基础设施以及打下知名度，因此用于新置设备和广告的费用很可能要高一些。其中部分项目包括：

- 预算期；

- 执照和许可证；

- 设备；

- 原材料和供应；

- 存货；

- 折旧；

- 修理和维护；

- 人员，包括工资、福利、培训以及教育；

- 法律、会计以及其他方面的专业服务支出费用；

- 保险；

- 营销、广告和促销；

- 佣金；
- 水电煤气等费用；
- 债务偿还；
- 税负。

当然，计划书还应该对销售前景做出预测。预测销售情况的方法有很多，其中包括：

- 每次电话访问所带来的平均销量；
- 每个销售人员的平均销量；
- 竞争对手的平均销量；
- 行业标准。

接下来则是计算销售成本。这与收益表中涵盖的项目相同。在计算可变成本和不变成本时，需要考虑时间推移所带来的成本变化。另外，还应根据通货膨胀、利率、生产能力以及市场增长的变化适当做出调整。

资产负债表简表
企业名称（日期）

资产

流动资产

    现金 ··· $___.00

    零用现金 ··· $___.00

    应收账款 ··· $___.00

    存货 ··· $___.00

    短期投资 ··· $___.00

    预付费用 ··· $___.00

长期投资 ··· $___.00

固定资产

    土地 ··· $___.00

    建筑 ··· $___.00

    改建项目 ··· $___.00

    设备 ··· $___.00

    家具 ··· $___.00

    汽车 ··· $___.00

其他资产 ··· $___.00

总资产 ··· $___.00

负债

流动负债

    应付账款 ·· $ ___ . 00

    应付票据 ·· $ ___ . 00

    应付利息 ·· $ ___ . 00

应付税收 ·· $ ___ . 00

    联邦所得税 ·· $ ___ . 00

    州所得税 ·· $ ___ . 00

    自营税 ·· $ ___ . 00

    销售税 ·· $ ___ . 00

    财产税 ·· $ ___ . 00

工资 ·· $ ___ . 00

长期负债

总负债 ·· $ ___ . 00

所有者权益（净值）

资本公积 ·· $ ___ . 00

盈余公积 ·· $ ___ . 00

留存收益 ·· $ ___ . 00

总所有者权益 ·· $ ___ . 00

负债与所有者权益总计 ·································· $ ___ . 00

关于资产负债表的说明

现在，我们对前面给出的资产负债表中的各个项目逐一进行分析。首先，从最上面开始，即企业名称以及资产负债表的编制日期。

资产负债表有两个明显的特征。第一，它记录的是某一特定时期的状况。第二，它总是平衡的。资产等于负债加上所有者权益。如果用公式表示的话，可以写成：

$$资产＝负债＋所有者权益＋（收入－费用）$$

其中，（收入－费用）就是损益表中的（收入－费用）。这一项对所有者权益的影响可能是正的（利润），也可能是负的（亏损）。

□ 资产

资产是指企业拥有的所有东西。具体说来，可以分为四大类：流动资产、长期投资、固定资产以及其他资产。

■ 流动资产。

流动资产是指自资产负债表载明的日期起 12 个月内可以利用的资产，其中包括：

▼ 现金：现金、现金等价物以及那些可以在 12 个月内或者你公司一个既定的营业周期内兑换为现金的所有东西。比如，库存现金以及诸如支票账户、普通储蓄存款账户之类的银行活期存款等。

▼ 零用现金：用于小额杂项支出的任何资金。

▼ 应收账款：由于顾客赊购商品与服务而需要从他们那里收回的款项。

▼ 存货：现存原材料、为生产或为再销售而购买的在产品和制成品。

▼ 短期（临时性的或可出售的）投资：可以在一年内转换为现金、附带一定利息或者红利的凭证，比如，股票、债券、存托凭证、定期存款账户。应该按照成本或者市场价值两者中较低的一个进行登记。

▼ 预付费用：你预先购买或者租赁的产品或者服务。比如办公用品、保险、办公场所、工厂或者仓库。

■ 长期投资。

长期投资又称为长期资产，即打算保留一年以及一年以上的资产。通常情况下，这些资产可以为你带来利息或者红利，比如证券、债券以及用于特定目的的储蓄账户。

■ 固定资产。

固定资产又称厂房与设备。固定资产包括你拥有或者租赁的、用于经营而不打算再出售的所有资源。

▼ 土地：按照历史（原始）购买价格而不是当前的市价入账。

▼ 建筑、改建项目、设备、家具和汽车：经营过程中会用到的东西。

▼ 无形资产：专利、配方、版权、商誉以及其他知识产权。

▼ 折旧：从特定的有形资产的账面价值中所做的扣减。

▼ 摊销：从特定的无形资产的账面价值中所做的扣减。

□ 负债

负债是企业拖欠的所有东西。负债可以分为两大类，即流动负债和长期负债。

■ 流动负债。

流动负债是指那些自资产负债表载明的日期起12个月内或者在企业的一个特定营业周期内应该偿付的所有债务以及货币要求权。具体说来包括：

▼ 应付账款：因为赊购供应商的商品和服务而亏欠供应商的款项。

▼ 应付票据：因为借入资金而亏欠的短期债务的本金。

▼ 应付利息：因为短期、长期借入资本和信贷而应该支付的费用。

▼ 应付税收：对本期应付税款的估计金额。通常由会计或者簿记员计算。包括国家所得税、地方所得税、自营税、销售税以及财产税。

▼ 应计工资：本期拖欠的工资。

■ 长期负债。

▼ 应付票据：到期期限超过12个月或者企业一个营业周期的应付票据、合同款或者抵押款。等于未付差额减去本期到期金额。

□ 所有者权益

所有者权益又称为净值，是资产负债表实现平衡的关键。资产和负债的差额就是所有者权益。如果差额为正数，就代表所有者对企业资产有要求权；如果为负，就代表所有者有债务。

在独资企业或者合伙企业中，权益就是每个业主的原始投资加上做了各种扣除之后的净收益。在企业中，它等于股本与留存收益之和。

□ 负债和所有者权益总计

正如前面所提到的那样，总负债加上所有者权益等于总资产。

损益表简表

企业名称（日期）

收入

总净销售额或者总收入 ……………………………………………… $___.00

销售成本 …………………………………………………………… $___.00

毛利润 ……………………………………………………………… $___.00

毛利润率 ………………………………………………………………___.%

可变费用

工资 ··· $ ___.00

津贴 ··· $ ___.00

外部服务 ··· $ ___.00

会计和法律 ··· $ ___.00

广告 ··· $ ___.00

汽车 ··· $ ___.00

办公用品 ··· $ ___.00

修理与维护 ··· $ ___.00

水电煤气等费用 ······································· $ ___.00

杂项 ··· $ ___.00

总可变费用 ··· $ ___.00

固定费用

租金 ··· $ ___.00

折旧 ··· $ ___.00

保险 ··· $ ___.00

执照/许可费 ··· $ ___.00

贷款 ··· $ ___.00

杂项 ··· $ ___.00

总固定费用 ··· $ ___.00

总费用 ··· $ ___.00

利润

税前净利润（亏损）··································· $ ___.00

税收 ··· $ ___.00

税后净利润（亏损）··································· $ ___.00

■ 关于损益表的说明

损益表和资产负债表的差别体现在两个方面：第一，它是不平衡的。实际上，损益表反映的是什么是不平衡的，也就是说，它反映的是哪一项值更大——收入还是费用（支出）。这样一来，你就可以知道自己的企业是赚钱了还是亏钱了（即是否盈利）。应该先编制损益表，后编制资产负债表。损益表中的利润或者亏损将体现在资产负债表中的所有者权益部分。

第二，损益表反映的不是你公司某一天或者某一时点的情况，而是某一时期的情况，比如1个月、3个月、6个月或者一年的情况。

在进行比较时，损益表是一个非常有用的工具。可以按月、季度或者年度编制损益表，然后将其结果和前一相应时期的结果做一个比较，就可以看出企业经营状况如何、问题出在什么地方以及有哪些地方需要改进。按照月份、季度和年度编制的损益表，其结果应该和预测的情况进行比较，二者存在的差异应该引起注意，并应着手解决。这样也使得你可以方便地和竞争对手的情况进行比较。尤其需要对行业的以下两个指标做一个比较：

- 销售成本占净销售总额的百分比；
- 毛利润率。

你可以从商业协会、行会或者银行获取有关行业平均数据的信息。

为方便与行业或者竞争对手进行比较，很多公司还加上几列，以显示前一期、去年同期、年初到现在为止的情况、从年初到现在为止在总额中所占的百分比以及行业平均数等。

接下来我们逐一对损益表中的各个项目予以说明。和资产负债表一样，我们从损益表的顶端开始，主要是企业名称和损益表所涵盖的期限。

☐ 总净销售额或者总收入

简单说来，这一行对应的是企业出售商品或者服务的所得。你应该从总额中扣除任何形式的退货、折让或者降价。应该扣除所有与企业的业务没有直接关系的收入。

☐ 销售成本（直接成本）

包括销售商品或者产品的所有成本。注意，一定要将运输成本和经销成本考虑在内。

☐ 毛利润

从总净销售额中减去总销售成本后即为毛利润。

毛利率：毛利率通常用占总销售额或者总收入的百分比来衡量。具体方法是用总利润除以总净销售收入。

□ 可变费用

可变或者可控费用是指那些随着业务量的变化而变化的项目。应该将他们和那些不变的固定费用区分开来。属于这一类的项目主要包括：

- 工资：基本工资与加班费之和。
- 福利：带薪假期和病假、健康保险、失业保险和社会保障税等。
- 外部劳动：分包成本、超量工作、特殊或者一次性服务。
- 外部专业服务：包括会计、法律和咨询。
- 广告：广告费和公共关系维护费用。
- 交通和旅游：公司业务用车的费用，主要包括停车、乘车、因为采购而出差、住宿等费用。
- 办公用品：为进行业务管理而购买的服务用品。
- 修理与维护：定期维护和修理，包括大额支出费用。
- 水电煤气等费用：电话、电、天然气、水和类似的项目。
- 杂项：没有单独设立账户的非特定小额支出。

□ 固定费用

这些费用的额度都是固定不变的，不会因为业务量的增加或者减少而发生变化。具体说来，主要包括：

- 租金：企业租用不动产产生的费用。
- 管理层工资（固定部分的工资，非奖金部分）。
- 折旧与摊销：有形和无形固定资产的折旧与摊销。
- 保险：针对财产、产品或者工人的财产保险和责任险。
- 执照/许可费：获得政府颁发的许可的费用。
- 贷款费用：未偿还贷款的利息。
- 杂项：没有单独设立账户的非特定小额支出。

□ 费用总计

可变费用和固定费用之和。

□ 税前净利润（亏损）

净销售额和总费用（可变费用与固定费用之和）之间的差额。

□ 税收

根据税前净利润计算出来的该缴纳的国家所得税和地方所得税。

□ 税后净利润（亏损）

税前净利润与应缴纳的税收的差额。

~~~~~~

现金流量表简表

企业名称（日期）

库存现金（期初） ………………………………………	$ ___ . 00
现金收入 ………………………………………………	$ ___ . 00
现金销售收入 …………………………………	$ ___ . 00
赊销的收款 ……………………………………	$ ___ . 00
贷款或者注入的其他现金 ……………………	$ ___ . 00
总现金收入 ……………………………………………	$ ___ . 00
可用现金总计（现金支出前） ………………………	$ ___ . 00
现金支出 ………………………………………………	$ ___ . 00
购货（商品） …………………………………	$ ___ . 00
工资 ……………………………………………	$ ___ . 00
津贴 ……………………………………………	$ ___ . 00
外部服务 ………………………………………	$ ___ . 00
会计和法律 ……………………………………	$ ___ . 00
广告 ……………………………………………	$ ___ . 00
汽车 ……………………………………………	$ ___ . 00
办公用品 ………………………………………	$ ___ . 00
修理与维护 ……………………………………	$ ___ . 00
租金 ……………………………………………	$ ___ . 00
水电煤气等费用 ………………………………	$ ___ . 00
保险 ……………………………………………	$ ___ . 00
执照/许可费 …………………………………	$ ___ . 00
贷款费用 ………………………………………	$ ___ . 00
税收 ……………………………………………	$ ___ . 00
其他费用（列明） ……………………………	$ ___ . 00

杂项 ···	$ ___ . 00
小计 ···	$ ___ . 00

盈余公积和/或准备金 ······················· $ ___ . 00

所有者提现（仅限于独资企业或者合伙企业）··· $ ___ . 00

红利支出（仅限于股份有限公司）············ $ ___ . 00

总现金支出 ·································· $ ___ . 00

现金状况（月末）···························· $ ___ . 00

其他营收数据 ······························· $ ___ . 00

销售额（美元）·······························	$ ___ . 00
应收账款（期末）·····························	$ ___ . 00
坏账（期末）·································	$ ___ . 00
现有存货（期末）·····························	$ ___ . 00
应付账款（期末）·····························	$ ___ . 00

关于现金流量表的说明

与损益表一样，现金流量表显示的也是企业经营的动态画面。但是和损益表不同的是，它只关注流动的一个方面——所涵盖期限内的现金收支情况。

现在，我们对现金流量表中的项目逐一做一个说明。正如其他财务报表一样，首先从最上端开始，包括企业的名称和现金流量表所涵盖的时间期限。

☐ 库存现金（期初）

该项显示期初的现金状况。它等于上一期期末的库存现金量。

☐ 现金收入

该项显示现金流量表所涵盖的期限内流入现金的多少。其主要项目包括：

■ 现金销售收入：销售所得现金收入，不包括赊销收入。

■ 赊销的收款：当此前赊销的项目收回现金时，应该登记的现金额。

■ 贷款或者注入的其他现金：借款、出售股票或债券（股份公司）的所得，或者企业所有者补充的额外资本（仅限于独资企业或者合伙企业）。

□ 可用现金总计（现金支出前）

库存现金和现金收入的总和。

□ 现金支出

该项列出了所有流出的现金，即现金流量表所涵盖的期限内你所支出的。具体说来，主要包括如下几个方面：

- 采购（商品）：原料或者中间投入产品的购买、运输和分销成本。
- 工资：基本工资与加班费之和。
- 津贴：带薪假期和病假、健康保险、失业保险和社会保障税等。
- 外部劳动：分包成本、超量工作、特殊或者一次性服务。
- 外部专业服务：包括法律、会计和咨询。
- 广告：广告费和公共关系维护费用。
- 交通和旅游：公司业务用车的费用，主要包括停车、乘车、因为采购而出差、住宿等的费用。
- 办公用品：为进行业务管理而购买的服务用品。
- 修理与维护：定期维护和修理，包括大额支出费用。
- 租金：企业租用不动产或设备产生的费用。
- 水电煤气等费用：电话、电、天然气、水和类似的项目。
- 保险：针对财产、产品或者工人的财产保险和责任险。
- 执照/许可费：获得政府颁发的许可的费用。
- 贷款费用：未偿还贷款的利息。
- 税收。
- 杂项：没有单独设立账户的非特定小额支出。
- 小计：所有现金支出的总和。

□ 盈余公积和/或准备金

例如，该项包括为保险、纳税或者设备采购而准备的资金，其目的是为了减少大额定期支出所带来的影响。

□ 所有者提现/红利支出

包括与所有者有关的现金提款和支出，比如所得税、社会保障、健康保险、人寿保险以及支付给公司股东的红利。

☐ 总现金支出

现金支出、公积金和/或准备金以及所有者提款的总和。

☐ 现金状况（月末）

可用现金总额减去总现金支出后的差额。这一数字将成为下一期期初的库存现金。

☐ 其他营收数据

除了体现现金流动情况外，现金流量表还提供了一些非现金形式的营收数据。这些数据可以用作对现金流量信息的补充，同时可以为管理层制定计划提供帮助。

- 销售额（美元）：已售产品总量乘以产品单价。所有形式的退货、折让或者降价都应该予以扣除。另外，不能包括与企业的业务没有直接关系的收入。
- 应收账款（期末）：以前未付款的赊销收入加上本期赊销收入，减去本期以现金形式收到的赊销账款。
- 坏账或呆账：已经过期且不太可能收回的应收账款。
- 现有存货（期末）：上一期的库存加上本期收到和/或生产的商品，减去本期售出的商品。
- 应付账款（期末）：上一期的应付账款加上本期应付账款，减去本期已经偿付的应付账款。
- 折旧与摊销：有形与无形固定资产的折旧与摊销。

忠告 ☞

本章介绍的所有财务报表几乎都可以利用现代计算机软件来获得。另外，对于那些在某些部门需要使用行业标准化的"会计图表"的企业来说，也有可供它们使用的电子会计系统"模板"。也可以根据用户的需要量身定制软件，还有适用于不同规模的企业的软件包。国际化经营的企业应该根据不同地区市场的不同标准，选择不同软件。如今，市场上有数以百计的这类软件包。我们建议企业在确定哪个才是"适合"的软件之前，进行深入的调研和测试。这项重要的投资要么带来可观的回报，要么成为一项沉重的负担。

第15章

商业计划书起草时间表

智者会将机遇转变成财富。

——托马斯·富勒

撰写商业计划书的过程经常会让人觉得非常沮丧，如果有一些能够确保计划书涵盖所有重要领域的切实可行的指导方针，将会是大有助益的一件事情。本章涵盖了一系列广泛的问题和信息，这些都是一个好的商业计划书所应该回答和作出规定的。在有些情况下，一些项目可能会出现重叠，企业的重点也会发生变化，这主要取决于企业的类型和计划书的目的。但是，不管怎样，仔细研究这些问题和信息都是一个很好的开端。

撰写人应该留出足够的时间以充分回答每个问题。为了给公司所声称的情况和战略提供支持，计划书可参考独立的研究报告以及其他任何可信的证据。关于每个问题和信息，本书将在其他一些章节中予以讨论。至于对计划书中有关问题的回答，可参考接下来的章节中给出的计划书样本。另外，计划书中有关财务报表的具体问题，可以参照上一章的内容。

国际商业计划书

☐ 介绍/概要

1. 简单描述企业的业务范围。

2. 介绍企业产品的重要特征。

3. 介绍企业产品的市场潜力。

4. 介绍企业的财务目标（比如，两年内在新市场实现 200 万美元的销售收入，三年内实现盈利，四年内实现初具规模的销售收入和税后利润）。

5. 介绍计划书的目的，及其与实现企业的财务目标之间的关系。

注意事项 👈

本部分应该着重介绍企业的商业计划书的重点，并让读者对计划书中其他部分的内容有所了解。在看完概要之后，应该让读者对企业的产品、市场机遇以及财务目标有一个明确的印象。应该在完成计划书其他部分的起草工作之后再来撰写概要。在很多情况下，概要的篇幅最好不要超过两页（最好是一页）。计划书涉及全球业务的部分应该在概要中着重强调，阐明企业在海外市场面临的机遇以及期望在这些市场中实现怎样的财务目标。

☐ 企业介绍

1. 介绍企业的主要业务领域。

2. 介绍企业每个业务领域的产品。

3. 针对企业每个业务领域的产品，介绍实际的或者潜在的客户群，以及这些客户群对企业产品的具体需求。

4. 介绍企业为发现顾客需求所采取的具体措施，包括访谈、市场调研、研发或者贝塔测试。

5. 针对为企业产品确定的每个顾客群，阐明企业的独特之处或者竞争优势（也就是说，为什么那些顾客会购买你方的产品，而不是购买你的竞争对手的产品或者该产品的替代品）。

6. 介绍每种产品的盈利结构，包括预计售价、成本和利润率等。

国际商业计划书（第三版）

本部分应该列明企业各种产品的详细情况。重点是将产品和相关客户群的需求结合起来。这样做可以告诉读者，企业是如何能够以不同于竞争对手的方式来满足这些需求的。虽然这一部分中的若干问题涉及企业预计的潜在客户群，但是此类问题也可以在下面的"行业背景和市场介绍"部分进行探讨。

☐ 行业背景和市场介绍

1. 介绍企业表现活跃的某个或者多个行业。
2. 介绍企业涉足的每个行业的规模、今后5～10年的预计增长模式。
3. 说明会对企业的产品感兴趣的主要细分市场。
4. 说明那些很可能为企业的产品带来主要客户的企业的类型（比如，大型公司或者小型合伙企业）。
5. 明确并阐明行业中其他重要的人口或技术发展趋势。
6. 介绍有关法规给企业产品带来的实际或者潜在影响。

企业产品所涉及的行业和市场包括各种变量，其中某些变量在其他部分有更为详细的介绍。比如，顾客的需求和购买习惯以及竞争对手的优劣势将会影响行业和市场的发展趋势。本部分的观点，说得概括一点，就是主要考察一般性的人口和技术因素，以及在未来几年中可能对企业产生影响的其他变化。如果企业产品受到很多法规的约束，或者企业的海外投资计划必须接受目标国家政府的审查，那么还应在法规和相关的战略方面多花些时间。

☐ 竞争对手

1. 明确并简单介绍企业在每个目标市场上重要的潜在或者实际竞争对手。
2. 明确并简单介绍企业在每个目标市场上面临的重要的会影响竞争状况的因素。
3. 以客观的态度分析潜在客户将如何看待企业在上述会影响竞争状况的因素方面和竞争者展开竞争的方式。
4. 介绍企业为了利用自己的竞争优势和/或为了减少甚至是消除自己的竞

争劣势，计划采取哪些措施。

5. 介绍竞争对手对于上面提及的措施可能做出怎样的反应。

忠告 👉

　　会影响竞争的因素因每个市场的不同而不同。比如，有些竞争者属于全球性企业，它们活跃于每一个客户群的规模大到足以引起它们重视的市场上。在某些情况下，竞争可能主要来自当地的企业，后者只满足于在本土经营。通常情况下，这些企业的竞争力可能会非常强，有着极高的品牌知名度和顾客忠诚度。另外，在一个市场中起重要作用的因素是价格，在另一个市场中发挥关键作用的则可能变成了客户服务。

☐ 营销与销售

　　1. 介绍企业的总体营销战略和目标（比如，企业在市场上是如何被认知的，计划抢占一个怎样的市场份额）。

　　2. 介绍企业经销产品的战略（比如，直销、独立销售代表、和第三方签订经销协议等）。

　　3. 介绍企业的促销战略。

　　4. 介绍企业的定价战略，包括随品牌认知度的提升而可能发生的变化。

　　5. 明确并介绍企业的主要推销方式（在销售和促销过程中主要的宣传方式）。

　　6. 介绍企业在为客户、经销商提供服务与支持方面采取的战略。

　　7. 介绍企业的销售战略和行动（比如，客户的发掘、销售人员的要求和报酬、销售目标以及对销售状况的跟踪）。

注意事项 👉

　　上面几点涵盖了确立和实施企业营销和销售战略所涉及的主要问题。企业应该尽可能根据不同市场的情况制定适合的战略，因为它们可能需要根据不同目标国家的不同特点来调整其经销渠道和促销方式。尽管在这些问题中没有强调，但是计划书还应该让读者能够清楚了解公司在抢占具体市场和推出具体营销活动方面的轻重缓急。在很多情况下，企业所面临的预算约束要求营销活动在一定的时间内按照计划分两个或者更多阶段进行。

☐ 技术与研发

1. 简单介绍企业为开展业务所需要的关键技术。

2. 介绍上面提到的每种技术要素（比如，创意、样品、小规模生产等）的状况。

3. 介绍企业对每项技术要素的所有权和/或使用权情况。

4. 介绍企业的主要市场在前述技术要素方面的一般情况，包括那些拥有优于或者类似于你方技术的各个企业。

5. 介绍今后五年中有关技术的预计发展趋势，包括在这一期间可能出现的具有商业可行性的新技术，以及可能限制企业发展或者市场认知度的因素。

6. 介绍企业的重要研发活动、重要突破和风险。

7. 介绍如何将研发成果应用于企业的业务之中（比如，新产品、新生产方法、对现有产品进行改良从而生产出能够满足既定客户需求的产品等）。

8. 介绍监管方面的规章制度对企业研发活动的影响。

注意事项 ☞

无论企业销售什么类型的产品，技术对每个企业而言都是至关重要的。对于某些企业来说，技术被融入了产品之中。而在其他情况下，技术则使企业在生产工艺方面获取了竞争优势。不管怎样，计划书都应该介绍企业在新产品和新工艺的研发方面的关键技术和战略。在有些情况下，可依靠第三方的研发成果，通过技术转让或者许可项目安排完全取代研发活动，或者对其提供补充。

☐ 生产与经营

1. 介绍企业的生产、经营活动与战略。

2. 介绍企业与第三方签订的所有重要生产协议。

3. 介绍企业在生产方面的所有竞争优势或劣势，以及企业为利用这些优势或者消除这些劣势所采取的措施。

注意事项 ☞

生产领域通常是企业选择海外市场以寻求降低成本的领域。在这种情况下，计划书应该详细划分海外生产的成本和风险。

□ 管理与人力资源

1. 介绍企业的管理和组织结构，包括所有重要的海外业务部门。

2. 介绍企业的招聘、培训和薪酬政策。

3. 介绍企业的内部信息管理结构。

4. 如果商业计划书的目的是用于筹集资本，那么还应介绍重要经理人员的技能和业绩记录，以及额外的经理人员的招聘计划。

忠告☞

管理技能、人力资源和组织结构是商业计划书的关键内容。对于国际商业计划书来说，应该特别关注海外机构的组建、各地方合格的经理人员的招聘以及对全球业务实施监督的信息交流和汇报机制的建立。

第16章

商业计划书样本一：软件公司

有多少耕耘，就有多少收获。

——雷·克罗克

本章给出的是一家已经步入正轨的系统集成商希望通过获得海外市场上新研发的产品的所有权，从而将这种产品引入本国市场的方式来拓展其本国业务时的商业计划书。当市场对该公司当前产品的需求出现疲软时，这种战略可能格外具有吸引力。当市场变化说明创新活动很可能来自国外，而非本地的研发团队和制造商时，这种战略也可能会起到一定的作用。

该公司认为凭借其丰富的经验和对当地市场的了解，再加上其现有的客户关系，它可以从外国公司得到授权，在当地销售其产品。这是一种非常有诱惑力的结合方式，因为外国制造商往往不愿意投入大量资金来进行直销活动。本章给出的计划书中涉及的软件产品主要用于银行业，而银行业一般要受到诸多法规的制约。因此，通常要对软件进行一定的改动以适应本地的规定和要求，这也是要依靠本地公司的另一个原因。本计划书完成于日本开始陷入经济衰退的泥潭，政府监管者开始寻求在银行和商业信贷领域实施改革之际。

让海外产品适用于本地市场

软件系统公司关于国际产品本土化的计划书

软件系统公司（以下简称 SSC 或者该公司）是一家在日本市场上处于领头羊地位的系统集成商。该公司主要从事系统集成和系统研发业务。除此之外，它还提供设施管理服务、咨询服务和产品销售活动。在过去 10 年中，SSC 凭借其高品质的服务树立了良好的声誉，在金融、信息系统和工业领域赢得了很多颇有名气的客户。在未来，SSC 计划通过战略联盟、资助研发和并购等方式进行水平和垂直方向的扩张。本计划书的初衷是为了阐述该公司为了将一家英国企业开发的软件产品本土化后用于金融服务、信用卡管理领域，而与后者建立战略伙伴关系——这是 SSC 的首次尝试——的条件。

日本软件市场概述

小提示 ☞

技术领域（比如软件行业）的很多商业计划书会涉及对相关知识产权的讨论。但是在本例中，我们假设该计划书的阅读对象对于相应软件及其功能有一般性的了解，因此，计划书直接对本国软件市场（也就是日本市场）的各种趋势和条件做概要介绍。这样一来，我们就可以集中精力来探究本地市场和海外市场所存在的一些差异，可能正是这些差异阻碍了海外企业将产品推向本地市场。

日本软件市场的发展历程在很大程度上和日本的整个经济密切相关。在日本经济实现腾飞的若干年里，很多企业对计算机技术作了大量投资，提升了自己的信息处理和办公自动化能力。整个软件行业，包括 SSC 在内，都得到了迅猛的发展。但是，日本近年来的经济疲软状态已经使得其国内的竞争环境发生了显著的变化。

首先，在 SSC 的现有和潜在客户中，特别是金融领域的客户中，很多不愿意对计算机技术——包括新软件产品和应用程序——增加投资。因为 SSC 过去的营业收入中大约有一半左右来自这一领域，所以包括 SSC 在内的软件行业的很多企业已经很难开展长期的规划和营销活动。

其次，在市场受到冲击的同时，出现了一种新的技术创新趋向，那就是更小型计算机的时代到来了。20 世纪 80 年代之前，日本软件市场关注的是大型计算机的应用。大型计算机开发商研制的计算机系统既可以应用于商业领域，也可以应用于程序控制工程领域。当时，FORTRAN、ALGOL、COBOL 是主要的计算机语言。但是紧接着，市场迅速转入了以 UNIX 和 LAN 为基础的处理网络。尽管直到几年前，还常常是这两种商业环境混用，但是 UNIX 和 LAN 为导向的概念如今已经居于统治地位。

最后，非常显而易见的一点是，软件革新对于该行业的未来起着至关重要的作用。过去，日本的软件属于定制产品——特别就某一具体应用问题而专门设计和编写的——除了操作系统和研发工具外，应用软件包之类的产品很少。应用软件只有在经过适当修改后才能符合客户的需求。但是 SSC 认识到在过去几年中计算机在日本企业中所发挥的作用已经发生了很大变化。长期以来，计算机系统一直用于自动化和提高日常工作效率。在这个过程中，计算机在没有改变整个社会和企业的结构的前提下提升了某些环节的效率。但是，最近的战略趋势已经转变为重构企业的整个流程和结构，而新的技术浪潮也加速了这种趋势。据 SSC 估计，计算机的作用必须重新进行评估，日本商业界对于软件的要求将会发生巨大的变化；新产品必须能够识别多种语言、多种货币，具有网络性能，能够处理全球业务。这些新研发出的软件可以纳入企业的业务流程中，以便为客户的具体需求提供解决方案。

伴随结构性变化而来的是日本经济环境的转变。随着日本进入一个与他国关系日益密切、日益全球化的经济时代，越来越多的企业希望在全球开展业务或者提供服务。更重要的是，越来越多的企业希望能够在不同语言、货币、地方税收政策、付款方式、地方法规等条件下为客户提供支持。另外，宏观经济领域越来越担心 IT 业的巨额投资不能大幅度提高"白领的生产率"，这使得很多企业开始寻找一种能够提高管理效率和交易处理能力的软件。这也已经成为 SSC 未来战略计划基础的一部分。

受日本近年来经济环境的影响，预期日本软件市场未来增长潜力有所下降。_____（时间），富士研究所进行的一项 MITI 调查与分析预测，日本软件开发市场（包括系统集成）在_____—_____年间的年均增长率为_____，与_____年的增长率接近。但是由于自 1992 年以来经济萧条一直困扰着日本，预期增长率已经有大幅度下滑，目前，SSC 预计，在未来_____年内，软件研发市场的增长率将在_____和_____之间，而且这种状况会持续到企业的悲观情绪被打消为止。可以设想，政府将努力通过各种财政、货币政策来刺激整个经济的发展，并通过计算机技术领域的大规模公共项目来带动某些工业部门的发展。

尽管大经济环境具有不确定性，但是 SSC 相信日本不断变化的市场情况——特别是那些促使各公司必须将重点放在提升自身竞争力的做法上的动向——已经给软件行业带来了绝佳的投资机会。日本企业已经通过采用新技术、新应用简化了业务流程。近来，企业的工作重心转向了根据重新定位的组织和客户关键需求，重构企业的业务流程这个新战略上。接下来要做的则是选择能够对新流程提供最佳支持的软件产品。放松监管将是促使日本各行各业——比如银行业、零售业、医药业、制造业等——的社会结构进行重构的契机，并将导致日本社会体系的重新设计。随着日本与亚洲其他国家和地区的联系越来越密切，其商业体系在未来五年中也将会发生巨大变化。SSC 相信，在经济基础设施飞速发生变革的过程中，软件产品将会成为一股重要的力量。

SSC 的战略性商业计划

小提示 ☞

上述行业背景再加上这里简要介绍的企业的战略性商业计划，其作用类似于其他商业计划书示例中对企业所面临的问题、机遇和应对方案的介绍。商业计划书中一定要正式或非正式地就企业计划如何应对有关市场中的变化和趋势作出说明。在本例中，SSC 已经决定寻找合适的外国企业作为战略伙伴，以便能够对其产品进行调整从而适应日本市场的需要。计划书的其余部分将重点关注如何利用已经被获准使用的软件。

长期以来，SSC 采取的都是加工车间式的生产战略，该战略的精髓在于研制出能够以高价卖给客户的各种软件应用产品。除此之外，SSC 还追求成本优势战略，并且通过将产品模块化再将模块化产品组装成最终产品的方式来实现其标准化战略。低成本优势使得 SSC 能够抵御竞争对手的竞争压力，使其获得了很高的利润，反过来它可以将这些利润重新投资于新技术和新设施。为了实现成本优势，SSC 需要利用自己的经验以及严格控制成本和管理费用来降低成本。

尽管有些大的系统集成商有可能会在日本软件市场上获得相对较大的市场份额，但是 SSC 认为，过去分散的行业结构在未来也不会出现显著的变化。一方面，SSC 将继续采取成本优势和标准化战略；另一方面，其未来的战略重点是通过产品细分和客户分类来实现专业化，同时，还将关注产品研发、兼并具有先进技术性能的产品生产商等。SSC 预计技术领先战略将使得自己能够满足日本商业市场上不断变化的需求。

SSC 不断调整的商业战略还将改变其与外部社会的关系。如果某个项目主要是关于系统开发和设施管理的，那么企业并不需要任何外部软件或硬件产品供应商。完成这些项目的唯一关键要求就是拥有自己的编程人员。但是为了实现在系统集成领域的目标，SSC 有必要与很多新供应商和经销商建立联系。

SSC 在未来几年中的战略计划将基于这样一个假设：传统的软件技术论将会日渐式微；企业客户群在未来的需求是，将预制软件应用于客户的业务流程中，为客户提供独特的业务解决方案。由于 SSC 的业务是以顾客为导向的，所以其使命将是研发和并购那些能够满足其客户需求的软件产品，以便自己能够凭借恰当的解决方案争取到更多的客户。

为了实施其战略计划，SSC 必须在技术和应用领域建立起核心竞争力。技术领域的核心竞争力不仅可以通过内部研发获得，而且还可以通过从外部并购合适的战略产品——SSC 认为可以很容易地进行调整，就能适应其日本客户需求的产品——来获得。一方面，SSC 正在寻找那些可以为企业提供强大支持和技术协作的合作伙伴；另一方面，也在寻找更多只需稍加调整就能够推向市场的产品。

据行业资料显示，日本市场上出售的软件产品中，有一半以上来自美国或者欧洲。日本生产的绝大多数软件产品都属于日文处理软件或者专门针对日本国内商业流程的应用系统。SSC 认为，最有可能为它提供只需稍加修改就能够适用于本地市场的创新性软件产品的，是外国企业。因此，SSC 在美国和欧洲开展了大规模的搜索行动，以寻找那些和它自身互补的企业。最近，它和欧洲系统集成集团（以下简称 ESIG）签订了一项合作协议，可谓是迈出了万里长征的第一步。

ESIG 是一家总部位于英国的大型系统集成商，主要在欧洲开展业务。几年前，该集团通过 ESIG（亚太）（以下简称为 ESIAP）将业务范围扩展到了亚洲。ESIAP 隶属于 ESIG，负责在亚洲市场销售 ESIG 的银行网络产品。ESIAP 大约有_____名雇员，总部设在新加坡，另外，在马来西亚和东南亚其他国家设立了办事处。SSC 正计划和 ESIAP 在新加坡的办事处联手在当地独家经销其金融产品，并联合进行研发活动。未来，SSC 还将和 ESIG 的欧洲总部建立伙伴关系。（有关 ESIG 及其产品和技术的其他情况的介绍，请参见表_____。）

尽管和 ESIG 的战略伙伴关系将成为 SSC 未来几年中的重要收入来源，但是 SSC 仍将寻求其他战略合作机会，以便在日本市场上占领更大的市场份额。

147

这类伙伴关系将包括基础研发方面的密切合作、跨国界的合营项目以及许可协议等。SSC要么通过软件产品、专有技术转让、联合营销、新投资等方式和海外合作伙伴建立关系，要么协助海外知名企业将其产品本土化，并通过SSC的广大客户群和经销网络销售这些产品。

另外，SSC还希望借助与ESIG的关系获得进入其他市场的机会。比如，公共服务领域和能源领域可能存在巨大的新产品研发机遇。而SSC在这些领域有很多相当优质的客户。即便是在当前经济萧条的情况下，这些客户依然运转良好，因为它们实质上都是一些国有企业。尽管这类客户对计算机系统有巨大的需求，但是SSC在物流和发电站系统等领域的实力依然很薄弱。SSC最终将会要求ESIG把它在这些领域的专有技术以转让方式授权SSC来使用。

SSC 的业务范围

注意事项 ☞

本部分对SSC的业务活动做了简单介绍。由于该公司将主要精力放在了提供服务而不是制造产品上，所以我们假设客户会向SSC提出一系列为实现特定目标而有待解决的相关问题，并且据此将SSC的业务活动划分为几个大类。SSC被获准使用的新产品将作为工具之一纳入到它向客户提供的服务中。

系统集成和系统开发是SSC基本的业务活动。另外，SSC还从事设施管理、咨询服务和销售活动。这些业务活动之间大多没有什么关联，这主要是因为迄今为止SSC在为其客户提供全套解决方案的服务方面不够积极。但是最近几年来，该公司越来越多地涉足系统集成活动，而这要求企业提供全套的解决方案。正因为如此，SSC的业务活动之间的关系已经变得比此前要密切了。

☐ 系统集成

系统集成（SI）是SSC业务的终极目标。系统集成囊括了SSC所有其他业务活动，并且充分利用了企业的历史资产。通常来说，系统集成环节开始于咨询服务，接下来则是软件开发以及软件/硬件产品销售，有时还会涉及设施管理服务。该公司已经涉足的几个典型的系统集成项目见表_____。

SSC公司以前在系统集成方面的经验与其开发下面提到的新产品的能力是有

关的，因为两者都注重以解决方案为导向的活动。涉及 SSC 被获准使用的产品的新项目更多属于业务咨询而不是信息技术的范畴。被获准使用的产品应该成为 SSC 提供咨询服务的工具，而不仅仅是为了加快软件开发进度。一旦咨询阶段结束，事后所有系统实施工作都将由该公司富有经验的系统工程师来承担。

□ 系统开发

系统开发指的是对客户要求进行分类、软件设计、编程、测试和软件维护的所有环节——客户的具体要求决定着项目的大小。其中大型计算机和小型计算机——比如 UNIX 工作站和个人电脑——的程序存在一定的差异，但基本程序是相同的。被获准使用的产品可以跳过某些环节，或者减少劳动密集型工作。SSC 长期以来一直作为软件工厂按订单研发软件，特别是为银行、保险公司和零售商研发软件。该公司在系统研发方面的经验的详情见表_____。

涉及信息系统的项目与所有使得企业能够快速有效地利用数据的计算机信息技术有关。管理和会计系统都属于应用型软件的范畴，其中会计系统更加注重功能性。与管理系统有关的项目包括会计、物流、生产、金融和所有其他职能管理系统。网络系统属于技术设计项目，即通过光缆将不同地方一台以上的计算机联系起来。不管系统规模多大，信息和网络系统项目都是为了提高系统交换过程的速度和准确性，此外，客户可能还会要求提供安全性、容量和可扩展性。就管理和会计系统而言，实用性用户界面和灵活性是客户的首要要求。SSC 现有部分系统开发项目可以参见表_____。

SSC 有关系统开发的经验和技能对于实现新型 ESIG 产品的性能大有助益。在新 SI 项目的系统研发阶段，被获准使用的产品将极具优势，因为这类产品通常具有卓越的技术性能，因此将使得研发阶段的效率比传统方法提高 70%。另外，新产品所包含的先进技术将有助于 SSC 对其年轻工程师进行培训，这种培训反过来会进一步提高公司未来的生产率。

ESIG 的产品_____

注意事项 ☞ ▰▰▰▰▰▰▰▰▰▰▰▰▰▰▰▰▰▰▰▰▰▰▰▰▰▰▰▰▰▰▰▰

本部分介绍 SSC 的外国合作伙伴 ESIG 授权许可 SSC 进行本土化改进并在日本市场上销售的两款银行产品。介绍的详细程度将取决于读者的需求，计划书中经常会提到请读者参见附表以获得产品细节和规格方面的信息。但是不管怎样，计划书本身至少应该明确软件在功能方面有哪些特色。

NetSwitch 和 CardManage 是 ESIG 产品线中的两大银行产品，能为银行提供进行业务管理所需要的两大功能，即授权和信用卡管理。

☐ **NetSwitch**

NetSwitch 是一种具有授权功能的不间断网络交换系统。该系统具有很高的可靠性，可用于各种通讯协议，包括 ATM、POS 终端和 CAT（信用卡授权终端）、银行系统之间的前端交换。NetSwitch 目前主要用于 Visa 和 Master-Card 的通讯方面，但是未来也将用于多协议的处理。NetSwitch 由若干功能独立的模块组成，比如通讯、终端控制（用于 ATM 和 POS）和业务流程应用。每个模块又包括功能进一步细分的部件，只需简单更换部件就能够实现新的功能模块。这样一来，NetSwitch 可适用于各种通讯协议和终端装置，还可以通过增加部件来实现用途的扩展。关于 NetSwitch 技术的全面介绍，请参见表_____。

☐ **CardManage**

CardManage 是一款具有信用卡管理功能的应用程序，它也被认为是世界上最先进的综合信用卡管理系统。它由五个模块组成，分别为信用卡持有人和商户处理模块、在线收款模块、在线授权模块、备忘录系统、数据采集和记分系统。这些模块可以单独运行，也可以一起运行，构成一个全方位的管理系统。CardManage 既可以在现场执行，也可以在服务提供商那里执行。有关该系统及上述所有模块的详细介绍，请参见表_____。

尽管 CardManage 系统在其他市场上的领先地位是毋庸置疑的，但是在向日本银行和其他信用卡发行机构推出该产品时，还必须进一步增强该产品的功能。尽管 CardManage 涉及信用卡管理的所有基本环节，日本银行和信用卡发行机构在这些方面的自身实力也不差，但是，SSC 相信银行和信用卡发行机构将对既可用于财务结算，又可以用于战略目的的新版产品感兴趣。改进后的 CardManage 可以实现创建客户数据库、客户管理信息系统界面、灵通卡选择和多媒体库等功能。另外，ESIG 已经开始努力提升该产品在其他方面的性能，使之兼具灵通卡的功能，SSC 也将共同参与研发过程，以便将新版的 CardManage 系统引入日本金融业。此外，尽管 CardManage 在日本银行业的市场有限，但

SSC 相信它将得到很多打算开展信用卡业务的零售商的认可。

□ 市场规模

CardManage 面对两个独立的市场，那就是金融领域的市场和非金融领域的市场。SSC 相信那些经日本财务省和日本银行核准开展金融业务的机构是最有可能考虑发行信用卡的机构。这些金融机构可以分为银行、信贷公司、保险公司、农业和水产业融资公司以及证券公司几大类。不管是哪个市场，潜在客户及其系统的基础设施都要受到政府的严格控制。另外，除了金融领域的潜在客户外，SSC 认为，那些在其销售网络中拥有直接或者间接客户的企业也有发行信用卡的可能。

SSC 认为 NetSwitch 是和 CardManage 搭配使用的一种产品。因此，NetSwitch 的部分市场将基本上和预计的整个 CardManage 市场相同。另外，SSC 认为那些对 EDI（电子数据交换）有需求的金融机构也将是其产品可以抢占的一个潜在市场。

SSC 已经和 100 多家金融机构进行了联系，这些机构要么当前正在使用信用卡系统，要么是有潜在可能会使用这些新型 ESIG 产品的用户。

日本大型百货商店。 SSC 和日本最大的百货商店之一的某百货店的附属公司进行了联系。该百货店已经拥有一个在大型计算机上运行的、持卡人过千万的大型信用卡管理系统。当前系统存在的主要问题是运营成本太高。该店表示有些发卡机构希望将信用卡所需设施及其运行交由外部机构来处理，但是因为该商店的系统过于庞大，所以无法打包转售给其他机构。它们暗示说，有些竞争对手将会重新规划信用卡管理系统的设计方案。另外，它们还预测当日本金融市场开放后，所有银行网络将会重组，而类似于 NetSwitch 这样的不间断交换系统将会变得炙手可热。

日本饭店。日本的顶级饭店急需一种性能卓越的银行卡管理系统以进行战略性营销活动和财务结算。日本的很多高级饭店在企业管理方面正处于一个困难时期，它们中的大多数计算机设备都是针对酒店的经营目的，而没有考虑到营销的需要。有些饭店配备了大型计算机，但是大多数都属于中型计算机用户。它们建议我们（SSC）针对饭店——也包括它们自己在内——的营销战略应该向后者提供一套全方位的营销咨询服务，并对产品进行改进以适用于较小型的计算机。

人寿保险公司。所有大型人寿保险公司为了便于向客户提供服务，都会签发本企业特有的卡片。但是，客户往往并不能有效地利用这些卡片。除了保单贷款外，它们希望通过这些卡为客户提供全方位的服务，比如索赔管理，其中包括自助服务。

地方社团。地方社团通常会发行自己的卡片。例如，SSC 联系的某个社团已经发行了将近 4 万张卡片，其中部分属于信用卡，有些则是不在信用卡之列的住宅卡。除此之外，该社团还在积极拓展成员可以用卡的其他领域。这样做的主要目的是为社团未来的营销战略而更新客户信息库。该社团希望有人可以在卡片业务方面为它们提供支持，毕竟它们并不是这方面的行家。日本全国还有很多类似的社团，它们通过网络联系在一起。SSC 联系的那家社团在联网社团中具有举足轻重的地位；而且所有社团的持卡总人数可能有数百万。

零售店。尽管绝大多数零售商都已经有自己的卡片管理系统，但是很多中等规模的零售商在这方面仍然处于入门阶段。强大的顾客信息数据库是卡片管理类产品中最重要的部件。另外，小型零售商或连锁店也可能会对可以在个人电脑上运行的产品感兴趣，因为社会发展向小型计算机倾斜的趋势已经不可逆转。另外，不管是大型零售商还是小型零售商，都对提升其卡片管理系统的性能充满期待，因为这样一来，就可以增大它们向客户进行直销的机会。

计算机设备供应商。计算机硬件设备供应商可能会愿意向客户提供全套的信用卡系统。这样一来，SSC 就能够和它们联手，提供可用于整个应用系统的解决方案。计算机设备供应商的主要关注点在于，及时对客户打电话提出的系统维护、产品升级、故障检修和业务指导等要求作出回应。

研发与销售计划

SSC 的结论是，日本市场对于 ESIG 新产品的需求完全不同于欧洲和亚洲其他地区的人们对该产品的需求。

- SSC 相信日本很多客户都在寻找一种考虑到了整套信用卡系统集成和银行战略的产品。由于这种产品与现有产品有着较大的区别，所以 SSC 必须对新产品每个模块的详细技术信息有深入的了解。这需要通过技术人员的交流给 SSC 带来专门技术的转移。

- 客户可能不仅对整个产品感兴趣，而且对个别模块感兴趣。因此，产品定价应该取决于数据容量和系统规模。另外，针对日本市场研制新的功能模块也是至关重要的。比如，开发用于存储客户信息的强大数据库。

- 客户关心反应时间以及在线网络界面的吞吐量。

- 客户特别关心新产品与日本特有的网络（比如 CAFIS 和 CATNET）进行交互的可能性。提供给客户的服务或者数据的类型也是一个重要的方面。

- 应该考虑到 UNIX 系统的可移植性。因为预计未来计算机将会朝着更加小型的方向发展，所以针对日本这个容量较大且尚未被开发的市场上的较小型计算机，比如 IBM AS400 工作站和个人电脑，重新设计产品显得很重要。另外，还应该考虑到局域网的功能。

- 客户还关心原始设备供应商能否持续参与系统维护、升级、故障检修以及操作指导。因此，应该针对这些需求做出相应规定，以便客户随时能够找到 ESIG 客服人员。

产品的本土化主要包括以下工作：第一，将操作菜单、说明书和使用手册等翻译为日语；第二，研制网络协议模块；第三，使得模块符合日本人特有的商业习惯。开始的时候，SSC 的员工将分为两组分别负责营销和技术工作，并且两个小组都将由企业的高级管理人员直接掌控。不管是营销人员还是技术人员，都需要去新加坡或者英国学习如何将产品应用于客户的解决方案。在本土化工作完成之后，两个小组将合并为一组，这意味着销售工程师将负责为销售和技术事宜提供支持。SSC 正准备对企业内部组织结构进行重组，同时计划招聘更多的员工。

至于 CardManage 的研发和本土化，SSC 预计其每个项目将大致需要花费_____个月的时间。据估计，每个系统平均可以给企业带来_____日元的销售额。其中有_____%的收入将来自产品，而其余_____%的收入则来自软件研发和本土化活动。假设每个系统的研发成本大约为_____日元，支付给 ESIG 的特许权使用费将为产品销售收入的_____％。SSC 预估的该系统的安装量请参见表_____。

关于 NetSwitch 的研发和本土化，SSC 预计其每个项目将大致需要花费_____个月的时间。据估计，每个系统平均可以给企业带来_____日元的销售额。其中有_____％的收入将来自产品，而其余_____％的收入则来自软件研发和本土化活动。假设每个系统的研发成本大约为_____日元，支付给 ESIG 的特许权使用费将为产品销售收入的_____％。SSC 预估的该系统的安装量请参见表_____。

关于 ESIG 产品的研发和商业化时间表的介绍，请参见表_____。

客户与市场

□ 客户

SSC 最重要的战略优势之一就是它和很多行业的客户有着密切的关系。比如在金融领域，SSC 已经成功地完成了与大型计算机、基于 UNIX 的平台以及程序控制有关的各种项目，并且已经和日本的很多大银行进行过合作。另外，SSC 还与证券公司、保险公司以及信用卡公司共同完成了各种项目；现在，该公司正在从事各种涉及银行系统和零售商之间一体化的项目。在程序控制方面，SSC 已在电信业完成了若干项目。该公司预计其在金融和电信领域的工作将会为其带来很强的协作优势，从而使得它能够更好地应对新技术，比如 24 小时不间断的局域网遥控和物流控制。

SSC 在过去三个会计年度的客户群分别为_____（_____）、_____（_____）和_____（_____）。SSC 目前的客户中，大约有_____家金融机构（包括信用卡公司）和_____家拥有远程网络系统的国际化经营企业。该公司相信这些客户将成为新产品的潜在买主，因为不管日本金融机构的规模如何，它们都必须朝着全球化和开放经营这一方向发展。从技术角度来说，这些机构将被迫加入到在其内部和国内网络之外的全球银行网络。这意味着从业务上讲，日本银行必须达到国际清算银行（BIS）的要求。SSC 已经向其金融领域的客户做了很多推介活动，而且基于前面提到的几个原因，新产品已经在这些客户中间激起了相当强烈的反响，引发了它们极大的兴趣。

通常来说，SSC 和客户之间的传统合同内容包括各自需要履行的义务、质检承诺、付款、知识产权说明、保密条款、合同的终止、合同的期限、不可转让性以及争议的解决等。订单中会写明软件具体的设计要求和内容,并被纳入到总协议中。销售订单可分为两种基本类型:第一类要求按照客户的具体需要研制特定的产品,产品的最终销售情况取决于客户对最终产品进行检验的结果以及认可的程度;第二类订单包括咨询服务,在这种情况下,SSC的系统工程师为客户提供方方面面的现场协助,这些咨询服务的费用按小时或者每月按一定的基本比率收取。

过去,SSC对于软件研发的定价在很大程度上取决于按人工计算的劳动时间。因此,SSC产品的价格在很大程度上取决于劳动成本和费用。随着SSC的一般性营销战略转为强调技术密集型产品而非劳动密集型产品,可以预计SSC产品的定价反映出了其更高的生产率、产品中的技术含量以及SSC顾问提供的专业技术服务对客户而言的价值。

SSC新产品的销售订单既有产品又有咨询服务,并将分为两大类。第一类订单又可以细分为两个阶段。第一阶段包括使软件适应顾客要求的有关工作,这是一个探寻业务解决方案的过程,有点类似于系统集成。在这种情况下,客户愿意为SSC提供的业务咨询服务支付一定的费用,而且客户不会像在意具体产品的定价那样在意这笔费用。第二阶段主要设计客户在自己的环境中运行产品所必需的技术支持,其中包括维护、升级和故障检修。第二类订单的合同只简单的包括产品,在这种情况下,客户对咨询服务就不那么关心了。

□ 营销

SSC在东京、大阪和名古屋等地设立了办事处。每个办事处的销售人员在其所负责的地区开展营销活动,并且首次和潜在客户进行联系。顾问负责对客户的要求作出反应,为它们提出系统建议。服务系统工程师负责在公司完成项目之后和客户进行沟通,了解对方的建议和新需求。

SSC产品的营销环节从销售人员售前的工作就已经开始了。公司总部和分公司有若干销售人员负责和新客户的联系工作。销售人员首次联系之后,由顾问去拜访这些潜在客户,向他们介绍公司的产品。和客户签订的协议中,所有条款都要经由销售人员和顾问的讨论。完成所有项目都需要几个月的时间,在此期间,SSC有机会接受其他订单,因此,公司能够同时为一个客户开展几个项目。为了和现有客户保持连续的业务关系,SSC的服务系统工程师负责每个项目的维护工作,客户的新需求和新要求会随时反馈到他们那里。分公司不管规模大小,都制定了相同的销售政策和营销策略。在某些情况下,来自东京总部的销售人员和顾问会为分公司的促销活动提供帮助,因为总部的销售员和分公司的相比,不管是人数还是咨询能力都要略胜一筹。尽管研发活动完全是在东京总部完成的，但是所有技术和业务咨询经验都会在分公司之间互相交流。

人力资源和组织结构

截至＿＿＿＿＿为止，SSC 共有员工＿＿＿＿＿名，其中＿＿＿＿＿人为技术人员，＿＿＿＿＿人为非技术人员。尽管 SSC 的大多数工程师都比较年轻，平均年龄为＿＿＿＿＿岁，但是其中有＿＿＿＿＿人是具有十年以上工作经验的高级系统工程师或者分析员，有＿＿＿＿＿名系统审计员负责质量控制。SSC 奉行"素质第一"的招聘原则，并且为员工培训投入了大量的资金。公司相信，责任心、专业技能以及经验的独特结合一直是其成功为客户完成各种项目的基础。

现有业务组织介绍

负责 SSC 公司当前业务的组织结构详见表＿＿＿＿＿。公司内部各个团队的职责可以简单概括如下：

业务拓展小组。SSC 单独设立了一个负责公司总体设计规划的战略小组。战略人员负责使公司的总体营销和技术朝着理想的方向发展。该小组主要负责公司的全球伙伴战略（比如 ESIG）、全新的先进技术以及 ISO 9000 咨询服务。

行政部门。SSC 的行政部门很小，因此行政管理费也比较低。其东京总部的行政人员负责公司所有的财务、法律和文书工作。

信息系统部门。该部门的所有工程师都具有大型计算机方面的专业经验。尽管世界会继续朝着小型计算机和开放式结构的方向发展，但是 SSC 认为在大规模计算方面，大型计算机业务将继续处于稳定地位。由于在大型计算机技术方面具有多年的经验，所以 SSC 预计公司在这方面的业务将有稳定的增长。但是技术发展的新趋势也体现在大型计算机技术方面。大型计算机的新角色就是作为全球网络的网络服务器。因此，需要和先进技术部门不断交流。

先进技术部门。由于该部门的所有职员面对的都是最前沿的技术，所以他们兼具利润创造中心和研发中心两种角色。目前看来，UNIX 将成为基本技术，因此，该部门负责 UNIX 技术。同时，该部门的员工也在跟踪未来的技术基础，也就是个人电脑。该部门的另一大特征是单个项目的期限非常短，也非常灵活。

西区代表处（大阪和名古屋分公司）。设立分公司的主要目的是为边远地区提供便捷的服务。名古屋地区有很多制造企业（比如丰田汽车公司、日本电装公司），SSC 正是通过名古屋分公司来辐射该市场。大阪分公司则瞄准的是另外一个地区的大市场。

□ 新业务团队的组建

建议 ☞

本部分是本书给出的计划书样本的另一特征。SSC公司已经决定组建一个新的业务团队来开发和利用被授权使用的产品。当公司计划进入一个新的海外市场时，通常会组建一个新的业务团队，比如完全附属于母公司的一家子公司。在这样的情况下，这个新的业务团队是现有组织的一个组成部分，但是却拥有一个享有自主权的管理小组来负责履行各种职能，比如战略规划、技术支持和营销活动。企业原有管理人员将依据其对有关技术的熟悉程度，以及他们与那些很有可能成为新产品使用者的现有客户打交道的经验进行调动。如果撰写商业计划书的目的是筹集更多的资金，那么计划书中还应该给出新业务团队主要负责人的背景资料。投资者希望了解有关管理人员是否具备实施计划所必要的技能和经验。

在新产品的开发和利用方面，该公司正在组建一支新的业务团队，其组织结构参见表_____。新业务团队已经作为项目指导小组启动了，并将作为一个新的部门正式进行组织。该部门的经理直接向SSC的总裁汇报工作。该部门包括三个职能小组，分别负责战略规划、营销和技术工作。

战略规划小组。 战略规划小组负责该项目的总体战略，包括公司和ESIG之间的联络、项目的财务问题、人力资源、分销商、营销与技术的接口以及管理活动等。目前，由_____全权负责小组的职能工作，另外_____名人员将于今后的_____个月内加入该小组。

营销小组。 营销小组负责维系公共关系、销售的前期工作、产品展示和介绍、业务咨询、服务热线和针对客户的所有其他服务。目前，由_____和_____负责小组的职能工作，另外_____名人员将于今后的_____个月内加入该小组。

技术小组。 技术小组负责项目的所有技术事宜，包括产品的本土化、翻译、技术培训和咨询以及针对客户的整体技术服务。目前，由_____全权负责该小组的职能工作。

客户解决方案小组。 每次有新订单时，都要组建客户解决方案小组。正如其他部分所详细说明的那样，项目一般需要_____名顾问和应用工程师。核心小组（战略小组、营销小组和技术小组）将从其他部门挑选所需要的人员，并以灵活的方式组建小组。小组负责人也将从其他部门选出。解决方案小组将在项目完成之后解散。项目进行期间，核心小组将为客户解决方案小组提供所有必要的支持。据估计，客户解决方案小组的人员将进行轮换以便让员工有机会获得各个方面的经验。

□ 未来人力资源要求

根据企业的扩张计划，预计在不久的将来将需要补充新的员工。SSC 目前的招聘政策旨在维持现有雇员人数，但是如有意外出现，将有可能通过专业的猎头公司或者收购其他软件开发公司的方式招聘其他员工。不管怎样，SSC 公司认为自己能够很容易地从外部招聘到优秀的系统工程师来满足新产品的需求，从而大幅度提高其生产能力。由于 SSC 现有业务的要求与新产品的要求类似，所以 SSC 相信新聘人员适合它所有现有以及预期即将开展的业务。

生产

□ 系统开发与生产过程

在很多情况下，新系统由_____～_____人构成的项目组进行生产。在第一阶段，由一两名顾问和客户一起工作_____个星期，以便划分并界定系统的要求。销售人员就合同条款，如产品规模、期限、项目组的建立、定价和付款条件等，和客户进行洽谈。第二阶段包括软件设计和编程。在大型计算机项目中，整个系统被分为若干功能模块，而每个模块由一个更细的项目组负责实施。在小型计算机项目中，工作则由一个小组完成。这一阶段包括各种测试，而且所有测试都可能会花费时间。其中包括模块关系测试、系统测试和整体运行测试；所有测试数据都应涵盖所有可能的情况。这些测试需要对反馈方法进行反复试验，因此，要比其他任何阶段更费劳力。在经过各种整体运行测试后，就将新系统安装在目标计算机上，制成品必须经过测试以适应客户的运行需要，必须经过客户检验合格后才算大功告成。一旦检验完毕，SSC 就认为产品已经售出。维护工作通常根据另一份合同进行，其中包括对特定性能特征免费质保。

□ 质量控制

在质量控制方面，SSC 目前正准备进行 ISO 9000 认证。ISO 9000（准确地说属于 ISO 9000－3）是软件质量保证的标准，其作用类似于有形产品的质保。尽管政府尚未对这种认证作出规定，但可以预计在若干年内，政府将要求所有软件公司获得这种认证。实际上，ISO 9000 咨询服务很可能成为日本一个新的潜在市场。SSC 正在考虑与会计和/或咨询公司结成一个或更多的战略联盟，以便进入这一新业务领域。

■ 服务

SSC 的战略优势之一就是其为客户提供服务的能力。基本上有两类服务项目：产品研制与咨询服务。在前一类项目中，至少免费向客户提供六个月的"质保类"服务。质保期结束之后的服务和维护费用大约为产品价格的＿＿＿＿＿％。在后一类项目中，SSC 的所有工作都属于咨询服务，对于已完成的工作不再有任何义务。在这种情况下，服务通常是按小时收费的。

■ 竞争

在 SSC 涉足的主要业务领域中，竞争者包括那些与计算机制造商或主要计算机用户没有任何联系的中型软件公司，其中包括＿＿＿＿＿、＿＿＿＿＿、＿＿＿＿＿和＿＿＿＿＿。根据最近一个财年的收入排名，SSC 的营业额位列第＿＿＿＿＿位。该行业依然比较分散，SSC 名义上的竞争者可能多达数百个。

最影响企业竞争力的因素包括定价、服务以及产品适用于广泛系列的硬件/软件平台的能力。另外，尽管各公司在成本优势和质量方面展开了激烈的竞争，但在大多数情况下，客户对某个供应商的忠诚度非常高，它们一般更愿意和某一个供应商建立稳定、经常的关系。SSC 相信自己和潜在的竞争者相比具有一定的优势，因为它已经拥有较强的生产和服务能力、一批颇有声望的客户、接近日本西部地区的地理优势以及在软件研发方面的丰富经验。SSC 还通过降低成本取得了有效的竞争优势——这表现在每个工程师高水平的盈利能力上。

SSC 未来的战略规划包括在新型"前沿"技术产品的开发和/或收购方面寻求竞争优势。在这一领域，竞争对手主要是在大型计算机方面拥有较好声誉而且正在寻求进入开放系统市场的其他企业。SSC 认为成功的产品应该是基于多重关系数据库、多个桌面环境的开放式系统产品。由于竞争者可能通过自己的研发团队努力做出快速的反应，为了在这些产品的研发方面形成竞争优势，SSC 必须能够及时向市场推出该产品，如果竞争者能有效利用第三方开发的软件并以此作为基础来加快研发进度，情况就更是如此。

SSC 还希望通过修改定价政策来提升自身的竞争力。随着 SSC 改变其一般营销战略，转向重视技术密集型产品而不是劳动密集型产品，可以预计 SSC 的定价将不再仅仅以劳动成本为基础，而将体现其更高的生产率、产品中的技术含量以及顾问提供的专业技术对客户的价值。实际上，预计 SSC 将切实降低劳动成本和新软件研发方面的相关成本，而由此节约的费用则可以转移给客户。

融资战略

与被授权产品的本土化有关的初始费用包括建立前述新业务团队的费用、本土化过程中的研发费用以及联络目标市场客户的营销费用和销售费用。在被授权产品适合在本地市场销售和使用之前，预计本土化过程将需要数月的时间才能完成。这些活动所需的资金来自企业的一般运营资本。另外，SSC 正在考虑通过私人投资者募集资金来支持新业务团队的活动，包括在其他软件产品方面建立战略联盟等。未来 24 个月内的预计经营情况详见表_____，其中包括损益表、资产负债表、现金流量分析以及对作为预测数据基础的重要假设所做的介绍。

第17章

商业计划书样本二：科技产品制造商

买家需要一百双眼睛，而卖家只需要一双眼睛。

——意大利谚语

　　本章给出的是一家数字编码、解码和多路技术产品开发商和制造商（也就是科技产品公司）的商业计划书样本。尽管该公司成立的时间并不长，但是它凭借自身专有技术的革新力量，为在全球范围内拓展业务创造了机会。该公司在以色列成立并且经营，凭借其重要技术成就和首批订单，它已获得了用以拓展业务的雄厚资金。尽管该公司依然可以借助以色列——一个微不足道的市场参与者的身份，通过向各国派驻销售代表的方式经营，但是其管理层决定在三个关键市场——美国、欧洲和亚太地区——设立正式的销售机构。美国的业务通过完全隶属于总公司的子公司来开展，而欧洲和亚太地区的业务则通过经销商网络来进行。另外，该公司希望将客户服务工作外包，并在亚太地区进行低成本生产。该公司的潜在客户包括众多的大型电信企业，这类企业中很多是归政府所有的，并且在很大程度上受到政府的管制。因此，本章给出的商业计划书及战略还将涉及具体的政府关系处理问题。

进入全球多个市场的科技产品公司

ADM 公司的国际商业计划书

ADM 技术公司是数字媒体产品和播放系统领域的一家极具革新精神、在业内处于领头羊位置的新兴企业。该公司一流的技术、恰到好处的进入时间安排、熟练的劳动力资源保证了它将在一个总容量高达几十亿美元的全球市场中拥有美好的未来。ADM 已经开发了先进的技术和系统设计方案，从而可以按照比现有产品更低的成本提供改良的技术性能和更高的业务效率。ADM 的数字编码、解码和多路技术产品将能满足三种关键功能的要求，而这三种关键功能是数字媒体播放系统必须具备的。

ADM 公司创建于以色列，也在那里进行了首次产品研发尝试。1998 年，ADM 公司从数字通讯市场的一家大公司手中拿到了自己的第一个大订单，该公司要求 ADM 设计和开发一种用于新数字媒体平台的先进多信道解码器。早期的这些订单为 ADM 开发第二代产品提供了动力和资金支持——第二代产品的开发带来了 ADMX4 和 ADMX16 高效多信道数字媒体解码器。这些革新产品已经在美国和欧洲的工业展销会上进行过展示，赢得了广泛的赞誉，并为企业拓展未来业务创造了诸多商机。

在过去的_____个月中，位于以色列的 ADM 总部发起了正式的营销活动。公司在这一期间的销售额约为_____百万美元。凭借其技术前景以及在市场上成功打响的第一炮，ADM 已经顺利筹集到_____百万美元的资金，用于继续进行产品研发以及必要的销售和生产基础设施建设，以便帮助它将业务拓展到全球市场。

成千上万家电视台、有线电视公司和电信服务提供商（以下简称 Telcos）为了实现前端的现代化，需要将相关基础设施实现从模拟信号向数字信号的转型，而 ADM 公司希望能够利用这个难得的机遇。根据行业分析，在未来十年中，数字媒体，尤其是多信道视频、音频、语音和数据服务的全球业务将继续以指数级数增长。这个大环境为 ADM 将自己打造成一个具有巨大价值的国际化企业提供了前所未有的良机。

在未来的_____个月中，ADM 计划在美国、欧洲和亚太地区全面开展销售业务；与此同时，因为促销活动带来了对 ADM 产品的需求，该公司还将寻找机会在亚太地区建立低成本的生产基地。美国的销售业务将由一家新成立的子公司进行管理，该公司的经理和雇员均为 ADM 的正式员工。欧洲和亚太地区的销售业务将通过独立的销售代表以及和原始设备制造商（OEM）结成的经销联盟网络来处理。在开始阶段，ADM 将继续在位于特拉维夫的企业总部进行生产，然后"根据需要"将产品运往 ADM 的关联公司和世界各地的客户。所有地区的客户服务都将实现外包。

问题与商机

建议☞

只有当产品能够解决特定用户群的具体需求或者问题时，才能彰显其价值。如果产品对客户来说毫无用处，或者产品不能解决现有同类竞争产品中存在的某个问题，那么就无法引起客户的兴趣，从而无法创造必要的收入来保持企业的持续经营与发展。因此，商业计划书要全面认真地确定企业产品可能会碰到的各种问题，以及企业从中可以抓住的商机。在 ADM 的例子中，计划书首先介绍了技术领域的诸多变化中的部分变化（比如，数字媒体的整合），然后对公司所处市场中现有产品存在的某些问题做了探讨。接下来则应该顺理成章地引入 ADM 的产品是如何为这些问题提供解决方案的，而这正是在下一部分将要讨论的内容。

□ 数字媒体的整合

全球电信革命大致源起于 20 多年前的美国，这场革命为模拟电视网络向全数字运行的转变源源不断地提供着动力。如今，数字技术已经理所当然地成为现代媒体网络中起着整合作用的因素。电信行业将这一现象称为"整合"。实际上，新媒体行业的每个环节，从内容创作、投稿到向终端用户分销，都已经受到向高效数字技术转变这一现实情况的影响。受这种广泛升级态势冲击的主要是发展成熟的媒体企业，比如美国和英国传统的广播网络，以及那些将其资源投入到制作在互联网和其他网络上进行播放的新型互动电视节目的新企业。

□ 全球市场商机

在播放电视节目方面——不管无线还是有线——从模拟技术向数字技术的

转变创造了一个价值几十亿美元的全球市场。这一转变起源于 20 世纪 90 年代的美国和欧洲。预计在今后的十年中，随着包括美国电话电报公司、英国电信、德国电信和法国电信等在内的大型电信服务供应商提供的新服务和新播放方式的增加——这些供应商角色的转变实际上影响到了现代电信服务的所有层面，包括娱乐——数字媒体业务将以指数级数增长。

在技术方面，从模拟信号向数字信号的转变意味着将从数字和模拟服务的混合使用逐步向前迈进。比如，有了机顶盒后，人们仍然可以接受模拟电视信号；随着时间的推移，模拟信号和数字信号的混合将彻底转向数字信号。在这一过程中，技术和服务将不断发生变化，并且会变得越来越复杂。传媒行业将会寻找各种技术方案以便不断调整其服务，同时使得在提供这些服务后易于进行管理。

有两个相互关联的明显趋势正推动着传媒行业朝着数字电视播放系统的方向发展：

1. 大型媒体公司之间的竞争，目前这是最主要的因素；
2. 很多政府要求推动数字电视发展，这属于长期的问题。

因此，不管是从短期还是长期来看，对于在世界上处于领先地位的传媒公司来说，进行数字系统升级都是迫在眉睫的事情。对于电视节目的内容提供商来说，数字系统已经不是可有可无的了，而是必须具备的技术。数字技术带来的品质卓越、类型多样的服务将是新传媒行业中的所有参与者都必须具备的。

□ 当前技术存在的主要问题

电视节目制作方和发行公司需要昂贵复杂的设备进行数字媒体信号处理。该过程大致可以分为三个步骤，即（1）MPEG 数字编码；（2）多路复用/多路分解；（3）MPEG 解码。为了完成这些工作，ADM 公司需要购买成本高昂的高性能数字信号处理产品，包括编码器、解码器和复用器。该公司认为，这一领域的当前技术存在很大的问题，因此，它可以凭借自己的解决方案创造出新的商机。

缺乏多功能性。当前技术很少将编码器、解码器和复用器集成在一个装置内，以满足多频道复杂系统的要求。企业必须购买、连接、操作和维护多个独立装置。这就出现了购置成本上涨、不能有效利用空间的问题以及可靠性的问题，因为单个装置之间的连接越多，出现系统故障的几率也就越高。另外，因为大多数多频道系统都是针对某个特定目的的大型业务而设计的，所以现在需要考虑的某些因素在过去是无关紧要的。本身并不需要如此复杂的系统的新传媒公司别无选择，只能接受这种多功能性欠缺的系统。

缺乏适应性。 目前，现有的数字电视信号处理技术在同一个时间通常只能处理一个单一固定的讯源（media source）——比如卫星、有线、电信、DSL等——并不能在同一个网络上支持多个标准或者在多个标准间实现转换——比如 625/50 - PAL（欧洲地区）和 525/60 - NTSC（美国）之间的转换。如今，整合的数字媒体市场正处在飞速发展阶段，在这一市场中，需要有很容易就能够适应一系列讯源和标准的新技术产品，以提升那些至关重要同时会耗费大量时间的操作的效率。

缺乏可靠性。 当前，现代数字媒体网络的设计通常属于装置互相独立的信号处理设备。这一系统设计不能提供最有效的备份和最可靠的服务。当系统发生故障时，无论是由操作员启动备份程序，还是由自动切换程序启动备份系统，设备都会出现暂停运转的现象。这将导致信号受到干扰，而这将会有损系统中的其他设备，并将导致令人头疼的程序中断。

缺乏监控能力。 应在视觉上对电视播放情况进行监控以发现服务故障。很多数字电视信号处理技术所能够提供的频道数量都非常有限，且一次只能观看一个频道。因此，这种系统非常耗费人力。由此给服务供应商造成的影响就是服务质量差，购买、监控、维护和存放众多信号监控设备的费用上涨。

前述问题具有普遍性，只要有电视和其他传媒公司经营的地方，就会有这些问题的存在。尽管提供给消费者的资讯内容在范围和质量上有很大不同，但是该公司希望进入的所有目标市场中所存在的主要技术问题是一样的。

ADM 的解决方案

注意事项 ☞

该部分重点介绍企业所能够提供的解决方案。在本例中，只是对技术进行概括，实际计划书中可能需要更加详尽的说明。至于详尽的程度，则取决于读者。比如，如果是供内部参考的商业计划书，介绍部分将非常简洁，因为可以认为读者非常熟悉企业内部的研发状况。但是如果计划书是为投资者准备的，那么介绍可能就要详细得多，需要包括方便读者理解的术语表、图表和图纸等。在向外部人员介绍技术解决方案时，应该强调该公司产品和技术相对于其他公司来说，具有哪些优势。

目前，由大型供应商提供的数字解码器存在前面提到的大部分——如果不是全部的话——设计缺陷。ADM认为数字媒体传输系统的主要供应商正在寻求新的解决方案以满足其信号处理要求。在首批合同中，该公司已经能够为顾客提供实现成本节约的革新方案以满足关键的解码器要求。该公司对灵活性、适应性、可靠性和总体质量等主要问题的解决让顾客感到很满意，凭借其新颖灵活的技术和工程设计结构，该公司得以在很多的设计和样品生产周期内取得这些成就。

相对于其他主要竞争对手而言，在数字媒体产品设计方面的高效率使得该公司能够更好地跟上市场的变化速度。另外，公司能够借助于自身的技术开发系列的数字信号处理产品，从而满足客户对新数字媒体不断增长的需求。

ADM的核心技术在于其新颖的系统结构能够将硬件和软件很好地集成在一个有效的主板上。这不仅使得ADM的产品与现有数字媒体产品相比，具有明显的竞争优势，而且消除了现有数字信号处理技术的诸多不便之处。

ADM的数字信号处理技术以及产品设计结构对MPEG2多频道数字媒体系统的现有技术进行了重大改进。在多频道数字电缆、卫星和电信网络方面，ADM产品系列以其独特的产品设计，得以通过更低的总成本实现全新的高性能标准。另外，该公司的专有技术使其首批产品具有降低总经营成本、简化操作控制、提高系统性能的优点。目前，这些重要的优势是任何其他MPEG2数字信号处理设备生产商都不具备的。另外，由于设计以开放式体系结构和标准为基础，所以ADM的技术可以简单地纳入到原有网络。

■ 产品

小提示 ☞

尽管很多公司通过技术转让和发放许可证来获取利润，但是商业计划书在更多情况下是将重点放在具有杠杆作用的技术上——这种技术已经在很多产品中被采用过。在这种情况下，计划书应该详细介绍企业的主要产品，或者已经列入计划但是尚处于研发阶段的未来产品，或者根据合理预期可以在未来一两年内开发出来的产品。同样，介绍的详细程度将取决于读者，针对外部投资者的计划书应比针对内部读者的更详尽。很多时候，可以让读者参照分发给顾客的产品手册和说明书。在本例中，企业预计将业务拓展到两个新的市场。本部分没有详细说明其产品对这两个市场的适用性如何。在实际计划书中，应该提供这方面的详细信息。另外，还应该对这些市场和潜在客户的实际需求做一个全面的分析。

ADM 的创新性技术使其能够在开始阶段创造出两种很快就得以面世的产品。这两种产品一个是 ADMX4——一个拥有马赛克的 4 频道数字媒体解码器，另一个是 ADMX16——一个 16 频道的实时监控解码器。这两个产品为产品线的扩展提供了基础——未来的产品线将包括世界新数字媒体网络所需要的解码器、编码器和复用器。关于这些产品的详细介绍，包括全面的技术规格，请参见表_____。

为生产出 ADMX4 和 ADMX16 而进行的研发工作为公司搭建了一个通往其他产品的桥梁，这些产品的研发将不需要对基本的技术概念做大量修改。ADMX 系列的研发目标是根据基本产品开发出能够提供其他系统特征的衍生品，以便让用户能够通过工厂量身定做其需要的系统，使其符合具体的频道要求。对预计的未来首批产品的介绍，请参见表_____。

ADM 希望成为数字媒体行业改进产品性能的领导者，这将从 ADMX 系列开始。该系列产品能够帮助 ADM 渗透到专业市场和行业市场中去。接下来，ADM 计划通过同样的专有系统结构将势力范围扩展到专业消费者市场和普通消费者市场。关于为这些市场准备的产品清单——这些产品将根据公司从 ADMX 产品系列中获得的经验来开发——以及新产品开发日程的介绍，请参见表_____。

市场与竞争

注意事项 ☞

ADM 公司所面对的市场很有意思的一点是，其主要客户均为大型电信和广告公司，而不是中小规模的用户。正因为如此，该公司才可以预言只要获得几个客户就能有客观的收入，因为每个客户都需要很多产品以及相应的后续服务与维护工作。市场规模以及特征通常可以通过独立的市场调研机构提供的信息加以佐证——计划书中应该列出这些调研机构的名字。虽然本计划书将有关市场规模的介绍放到了附表中，但是通过图表方式在计划书的正文中做相关介绍也是很普遍的做法。尽管 ADM 公司实际上确定了五六个目标市场，但是这里我们只重点介绍了其中的三个。

行业分析师预测数字媒体市场在接下来的若干年内将迅速发展，为那些可以提供特色鲜明、表现稳定的技术服务的供应商创造了巨大商机。数字媒体行业分析机构——一家独立的市场调研企业——在其最新的一份报告中对市场规模所做的介绍请参见表_____。

☐ 新数字媒体服务

有线网络、直播卫星（DBS）和传统的无线广播公司之间围绕用户和/或收视率展开了激烈的竞争。这种趋势的结果就是各公司纷纷追加投资升级网络，通过数字传送方式增加节目内容、改进信号质量。为了留住客户，有线网络运营商和DBS供应商已开始提供捆绑式宽带服务——一站式购买电视节目、互联网和其他通讯设备。

这是数字媒体"整合"的开始，这种整合使得消费者既能够得到收费服务，也能够享受免费服务；单独一个服务供应商加上一种常见的数字终端设备机顶盒（STB）就可以提供许多新的服务，其中包括：

- 视频点播：消费者无需再租赁录像带。
- 交互式电视：和游戏或者娱乐节目互动。
- 数字录像：VCR将成为过去，消费者可以通过机顶盒中的磁盘录制以及播放视频。
- 网络电视：通过互联网视频收看世界各地各个电视台的节目。
- 通讯：通过机顶盒提供电话、传真、可视电话服务。

服务供应商在除电视节目外提供更多新服务方面的竞争日益激烈的一个证明就是在过去几年里，重塑有线行业的那些战略性行动。比如，在美国，AT&T和TCI、MediaOne和USWest、MediaOne和Comcast之间以及很多其他公司之间的兼并、收购以及合作使得相当大一部分美国人可以享受到数字媒体业务。为这些交易所付出的代价不仅仅通过视频节目创造的收入来弥补。相反，这些公司从战略角度将自己定位为提供捆绑式传媒服务，使公司能够为新的数字基础设施做准备，以便通过新的数字基础设施为数字媒体的整合提供支持——在同一个地方、地区和全球网络提供视频、音频以及数据服务。

☐ 网络和有线领域的升级

在过去的20年里，美国和欧洲的主要电视网一直在积极向数字化经营的方向升级，而且在今后的若干年内，这一趋势还将继续下去。据估计，全世界有超过_____个电视频道，其中大部分将在今后十年内转变成全数字化经营。其带来的结果就是，对数字信号处理设备的需求将会迅速增加，因为需要更换掉陈旧的设备，模拟信号设备也将逐渐停产。

为了提供能够与 200～500 信道卫星 DBS 服务相匹敌的新数字媒体服务，有限公司也面临着系统升级的问题。对支持"宽带数字媒体"和"整合"的有线服务需求的不断增加使得有线运营商必须对其基础设施进行升级——这主要通过增加光纤来完成。

□ 电信/互联网领域

电信市场被认为是对 ADM 的未来有着最重要影响的因素，因为可以预期对基础设施——编码器、解码器和复用器——的需求以及对消费者和企业终端或机顶盒的需求非常大——这些方面都是电信服务供应商为了提供视频、音频和数据服务所必需的。行业领头人预计电信网络未来将成为提供全数字媒体服务的主要工具。卫星和无线广播（OTA）将和更专业的服务——比如高清电视（HDTV）和移动多媒体服务——竞争。

美国、欧洲和亚洲的大型电讯服务供应商正在迅速建立宽带网，以便为新的数字媒体服务，比如为视频点播、交互式电视、快速上网等提供支持。宽带的增加导致对数字媒体信号处理设备产生了大量需求。ADM 正在推出的革新性灵活数字媒体技术能够抓住这一良机。

在营销方面，电信服务供应商为 ADM 公司及其竞争者提出了特别的挑战，因为在飞速发展着的市场中，很多大型电讯公司仍然由国家和地区政府严格控制或管制着。正因为如此，ADM 公司及其竞争对手常常面临着复杂的采购程序问题，包括经常与众多的政府机构和管理者打交道。ADM 公司打算在本计划书确定的每个大型海外目标市场中寻找并且聘用拥有高层政府关系的经理人员，以便制定一项战略，与那些主管与公司业务和产品有关的电信业务和其他活动的政府机构进行联络。在适当的情况下，ADM 公司可在海外市场寻求与那些了解政府机构并具有相关经验的大型系统集成商建立关系，以此促进其产品和系统的销售。

□ 竞争

注意事项 ☞

很多时候，对竞争的描述是商业计划书中篇幅最大也是最全面的一部分。本例中的说明很简单，主要内容在附表中给出——我们这里省略了这些附表。该表对主要竞争对手的名称、业务类型、年收入、产品线以及销售战略进行了介绍。商业计划书应该确定公司必须面对的主要竞争因素，还应分析公司打算如何针对每个因素采取相应的对策。

当服务供应商迅速转向数字领域时，很多技术公司也已经开始向这一市场倾斜。其中有些公司的产品线比较单一，所提供的增值服务也比较少，其中包括拥有低端消费产品的公司，这类公司没有能力开发出适合高端专业市场需求的产品。至于和活跃于专业细分市场中的某些大型公司有关的信息，可参见表_____。ADM 认为，行业中需要考虑的主要竞争因素如下：（清单略去）。

生产战略

注意事项 ☞

很多公司，比如本书给出的另一个商业计划书示例中涉及的那家宠物食品与用品公司，需要购买第三方生产的产品然后转售给终端用户。但是本计划书中的企业既是自己产品的开发商也是生产商。因此，计划书必须详细说明企业计划如何生产必要的产品来满足市场的需求。可供选择的方案很多，但是，企业显然要盯住几个战略，包括内部生产、和系统集成商以及经销链中的其他各方签订许可协议、海外生产设施或关系的建立等。在实施海外战略时，可能需要将产品从海外运回公司的母国市场经销，从而降低了产品在国内市场进行内部生产的必要性。

ADM 在以色列的工厂可以满足其最初的生产需求。公司在其进行新产品研究与开发工作的工厂内已经留出了一个生产区域。生产活动由一位从总体上负责生产战略以及必要用品采购、库存管理方面的协调工作的高级经理监管。

☐ 拓展的初级阶段

随着 ADM 将其业务扩展到美国和其他海外市场，企业需要制定新的生产战略。最初，预计将在美国建设一个现代化新型生产加工区，该加工区有足够的能力满足美国和海外市场在未来 12～18 个月内对 ADM 产品的首批订单。从以色列总部开始的技术转让已经启动，一旦完成，以色列的生产业务就将终止。生产活动将继续由同一经理人员负责，所有这些经理人员都将统一调配往美国。

非管理类的工程和技术人员将在当地招聘,并将对他们进行有关技术和质量控制标准方面的严格培训。

一旦生产活动全部转移到美国,企业将进一步制定优化的生产战略,这一方面是考虑到美国境外其他地区的情况,另一方面也是为了解决需求的增加超过美国工厂的生产能力的问题。ADM 公司将围绕两种具体的方案进行调研,其中一个是授权系统集成商进行生产,另一个则是在美国境外设立一个甚至更多的工厂以更低成本进行生产。

□ 授权系统集成商进行生产

正如下面讨论公司营销战略时所提到的那样,ADM 打算依靠其与系统集成商之间的关系来协助其销售产品。这些合作伙伴将把 ADM 的产品融入一个更大的系统中,该系统则将产品直接销售给 ADM 目标市场上的终端用户。这种关系使得 ADM 公司得以利用系统集成商的庞大销售团队和现有客户网络,因此能够加快其产品的销售速度,加强其对市场的渗透力。

在某些情况下,ADM 公司可能还会授权某个系统集成商来生产那些将纳入整个系统的产品。这一安排可以减轻 ADM 公司的生产负担,同时将库存管理工作转移给了系统集成商。在特定情况下,如果系统集成商能够带来合适的规模经济的话,还可以通过签订合同的方式委托集成商代为生产。

授权条件取决于公司和系统集成商之间的关系,以及系统集成商预计会使用的产品数量。通常情况下,ADM 公司会根据系统集成商的实际销量收取一定的许可费,或者确定单位产品的收费标准。收费标准可能会根据销量大小适当增减。ADM 公司有义务为系统集成商的员工提供培训和技术转让协助,当事各方还要就包括在系统集成商系统中的产品明确有关的维护和后期服务职责。授权只限于生产那些用于集成商系统的产品。因此,只要合作能够带来双方经协商达成一致的最低收益,ADM 公司就有可能会考虑授予合作伙伴在某个地区、某个行业或者针对某个客户的专有权。

□ 海外生产设施

满足 ADM 公司生产需求的另外一个长期替代策略就是,在可以获得廉价生产设备和熟练工人的一个或者几个海外工厂进行生产。境外生产可以通过各种组织形式来完成,包括与海外知名企业签订生产、供应协定,与具有相应技术经验的海外企业组建合资企业,或者成立新的独资子公司进行生产等。涉足海外工厂的决策取决于很多因素,包括政府的规定、与客户关系的紧密程度,以及当地生产企业的技术经验等。据预计，随着美国本土工厂的生产能力逐渐趋于饱和，ADM 公司将在未来_____个月内实施某种形式的海外生产战略。

营销战略

建议 ☞

经验表明，所有商业计划书中最重要的部分就是营销战略，这包括选择并采用适当的方法向选定的地区或全球市场进军和渗透。由于计划书关注的通常是企业并不熟悉的市场，因此，证明企业了解通往每个市场上的目标用户的经销渠道和宣传渠道就显得非常重要。如果像本计划书这样，涉及的是电信类产品，这通常意味着需要学习如何应对世界各国众多大型与政府有关联的电信企业的采购程序这一问题。这是一种特殊的技能，往往需要精心配备当地专家。

ADM 公司在营销、销售和客户方面具有丰富的经验，它曾经成功地将技术产品销售给专业传媒市场上的高端客户。这使得该公司在为数字媒体播放提供创新性产品方面，在市场上处于领先位置。

ADM 公司营销战略的核心是，为垂直市场开发高价值产品和解决方案。在专业的企业市场站稳脚跟之后，该公司将利用其品牌进军消费者市场。购买机顶盒的消费者通常会相信其服务供应商的推荐，或者干脆将机顶盒作为服务合同的一部分。因为 ADM 将成为很多服务供应商的技术选择，因此这些公司也非常愿意将 ADM 的机顶盒作为其首选产品。

为了迅速渗透到美国、欧洲和亚洲市场，ADM 公司将聘请具有专业素质的营销和销售专家。这些人的经验使得他们能够和客户合作，能够借助 ADM 公司的技术提供让客户大大受益的解决方案。营销人员将为产品系列制定各种战略，包括根据客户、行业以及地区对可能的价格和需求状况作出预测。通过与客户之间的密切交往，营销和销售人员还将影响到产品的研发活动。

在上一个财年中，ADM 公司和美国、欧洲的系统集成商之间大约实现了_____百万美元的销售收入。这些业绩是由少数营销和销售人员（包括在以色列总部的高级管理人员）取得的。另外，ADM 还带着自己的解决方案与美国、欧洲和亚太地区的重要媒体广播公司进行了初步的接洽。到目前为止，公司得到的反应都是积极的，也基本达到了预定的目标。根据这些反应，ADM 公司得以筹集额外的资金以实施其全球营销战略。依据该战略，ADM

公司将在美国、欧洲和亚太地区交叉采用直销、销售代表、经销商以及系统集成商等模式。

□ 目标市场

小提示 🖙

在本计划书样本中，ADM 公司已经为其产品确定了若干个目标市场。每个目标市场的业务类型各不相同，各具有一套竞争条件和采购程序。正因为这样，ADM 公司需要针对每个目标市场制定一个具体的营销和销售战略，尽管主要的技术要求没有太大的差别，但还是有必要围绕每个市场组建销售团队。在实施市场战略的初期，最好明确目标市场群中的重点。这样，ADM 公司就可以在那些最有希望获得初步成功的市场联络客户，并且据此建立品牌知名度和质量认知度，并进而将这一形象推广到其他市场。

ADM 公司的初期目标是向大型传媒企业提供高价值的专业产品和系统。这类企业的采购通常涉及价值数百万美元的设备投资。基于这些公司的规模和业务范围，即便是只找到了少数几个客户（甚至是只有一个客户），ADM 公司也可以获得足够的收入。但是为了使得客户群多样化，降低因为对几家企业或者几个领域的依赖而带来的风险，公司制定的目标是在_____～_____年内争取到_____名客户。

ADM 公司将按照以下顺序进入目标市场：

■ 有线系统运营商：这些运营商正在迅速从模拟信号转向数字信号，比如……（运营商客户清单）。

■ 电视广播公司：这些企业正在将旧的模拟设备更新为数字系统，比如……（企业名单）。这还包括一个涉及移动播放车的二级市场，因此给 ADM 公司带来了获得额外收入的机会。

■ 电信服务提供商，比如……（企业名单）。

■ 商务电视网，比如那些用于企业媒体经销以及远程教育的电视网。

进行数字升级的最先进的市场包括美国、加拿大、英国、德国、法国以及亚太地区。亚太地区的商机尤其值得关注，因为该地区不仅包括经济成熟和发达的经济体，比如澳大利亚、日本、新加坡以及中国台湾，而且还有一些正在崛起的国家，比如中国。这些国家和地区已经决定跳过传统的技术，直接选用数字系统。

ADM 公司预计，开始阶段将有_____％的客户来自美国和加拿大，其余客户则来自欧洲和亚太地区。从地理位置上看，ADM 公司首先进入的是美国市场。该公司已经有了和这个市场打交道的经验。最近，ADM 公司在美国设立了总销售办事处。根据早期在销售和技术方面取得的业绩，ADM 公司最近在该市场注入了资金，目的是将其在美国的办事处升级为自主管理、拥有财务和经营职能的独资子公司。美国公司的很多销售人员都来自母公司，此外，它还将有选择地与系统集成商和其他销售伙伴建立经销关系。

接下来，ADM 公司将转战欧洲和亚太市场。由于人员配置要求以及政府规定方面的因素，加上 ADM 公司对这些市场中的营销渠道和销售渠道的了解不像对美国市场那么熟悉，这些市场对该公司来说将更具有挑战性。因此，在ADM 公司开发出对其独立销售基础设施提供支持所必要的关键客户群之前，这些地区的营销战略将很可能要依靠公司和地方经销商之间的战略关系。

□ 营销渠道

ADM 公司初期的目标市场是大型公司类传媒组织中的高端专业用户，比如_____、_____和_____。这就要求营销和销售人员直接和这些公司的高层打交道。因为此前积累了丰富的市场经验，所以 ADM 公司拥有从这类客户群处招揽生意所必需的业务关系。该公司将通过委任经销商和销售代表，或通过和那些向传媒领域提供全方位系统解决方案的系统集成商之间所建立的关系进入更广阔的市场。

ADM 公司将主要采用以下三种营销渠道。

直销。ADM 公司将聘请经验丰富的营销人员，以抓住巨大的市场商机。该渠道一般需要_____～_____个月的销售开发周期。ADM 公司相信，其早期的销售收入中，大约将有_____％通过这一渠道实现。直销人员将按照地区进行组织，以最有效地进入各个目标市场。

在美国的初期销售工作将通过公司在美国新设的独资子公司中的直销人员来完成。销售人员不仅包括子公司全职的雇员，还包括以获取佣金的方式为该公司工作的独立销售代表。销售工作将由公司一位现任的高级经理进行协调，他将出任北美地区销售副总裁。该公司还将聘请若干地区销售负责人来协调具体地区的销售活动，其中包括具体地区中客户机会的分配、客户服务和促销活动。

在实施营销战略的初期，欧洲和亚太地区的直销活动非常有限。然而，对于那些设有高级地区销售主管指导的市场，ADM 公司最终将建立一支专业的销售队伍。美国境外的初期直销活动将通过美国子公司进行管理，并且将重点关注那些被确定为初期销售目标的客户——尽管销量和销售收入都比较低。在很多情况下，海外销售目标还将包括那些曾经从 ADM 公司采购过产品的美国公司所拥有的子公司。尽管和大型电信机构做生意必然需要一个更长的销售周期，并且在未来的_____个月中，ADM 公司从和这类机构的交易中获得大量收入的可能性不大，但是销售代表将和这些机构的关键人物进行初步接洽，以便在公司树立起品牌形象后，为未来的潜在商机做好准备。

欧洲和亚太地区的重要电信中心——包括柏林、香港、伦敦、巴黎、新加坡以及东京——将设立小型的海外销售办事处。初期，这些办事处的负责人将向掌管全球销售部的副总裁报告。随着销售活动的不断开展，ADM 公司预计将成立一个或者多个海外地区销售子公司，这些子公司的组织方式类似于美国子公司，包括配备相关人员来行使管理、财务、经营和销售等职能。

系统集成商。与直销相比，这一渠道的销售周期通常来说要更长，因为销售人员必须首先让系统集成商相信 ADM 公司的产品优于其目前所使用的产品。但是，这些集成商可以带来更大的业务量，因为他们所服务的终端用户范围很广——从大型公司到当地社区的小规模应用。ADM 公司已经和预定目标市场中的系统集成商建立了关系，其中包括_____（美国）、_____（英国）、_____（法国）以及_____（中国台湾）。

如上所述，系统集成商将是 ADM 公司在北美以外的市场开展首次销售活动的主要形式。海外销售办事处的负责人将负责寻找可以建立战略关系的潜在客户，同时和那些在其地区设有总部的机构进行接洽。因为有很多系统集成商在全球范围内销售其产品，所以，销售工作将以合作方式和北美以及其他地区的客户代表共同进行。

经销商。在这种模式下，销售决策几乎是在一瞬间完成的。因为大多数经销商正在寻找新产品来满足其客户需求。ADM 公司已经在预期的目标市场和以下经销商进行了联系：_____（美国）、_____（英国）、_____（德国）以及_____（日本）。在处理和经销商之间的关系时，与上述处理和系统集成商关系的做法类似。

□ 营销宣传

ADM 公司认识到，高度专业化的营销宣传，包括大型展销会上的展览，是非常重要的。ADM 公司已经在拉斯维加斯、洛杉矶、纽约、新加坡、伦敦以及慕尼黑的行业展销会上展览了自己的产品。另外，该公司还以合适的价格从一家外部供应商那里购买了 MARCOM 业务，该供应商已经和数字传媒公司有过很成功的合作，所以公司能够提供全套的 MARCOM 服务，包括公共关系、广告、展览会管理以及其他营销手段。

☐ 客户服务

ADM 的产品主要以软件为基础，其设计目的是为了方便安装和操作。该公司认为，除了在灵活配置方面需要为用户提供指导以及通过电话和互联网服务体系进行故障检修之外，并不需要大量的产品支持。

售后支持服务一直由 ADM 公司在以色列的总部直接提供。随着业务的不断拓展，ADM 公司计划在每个重要目标市场的中心地区建立一个售后支持办事处网络。销售给各战略伙伴的产品支持将由这些办事处来提供。ADM 公司负责售后支持工作的机构将聘请客户服务专家提供每周 7 天、每天 24 小时的服务。

ADM 公司将在现场以及公司的办事处为大型客户以及系统集成商提供系统的培训。经验表明，注重对客户员工的培训是一个有效的营销手段，这可以保持客户的忠诚度，防止由于客户员工不熟悉产品属性而需要提供产品支持时引起不必要的成本。

融资战略

凭借其先期在产品研发方面的成功经验以及周密的计划，ADM 公司有能力筹集到_____百万美元的资金，从而支持它继续进行产品研发工作，以及建立其扩展业务所必需的销售和生产基础设施。ADM 公司相信，这些资金足以为未来_____个月的业务提供资金支持。这一期间，公司业务运营的提议预算请参见表_____。

首次将销售活动扩展到欧洲和亚太市场所需的资金已经到位，该公司预计，建立小型现场办事处以及聘请营销人员是主要的两大支出。随着逐渐在这些市场中开展销售活动，ADM 公司将考虑筹集额外的资金，以便在这里建立正式的销售子公司，包括建立负责管理、财务、经营、营销和人力资源等工作的内部职能部门。ADM 公司还注意到，尽管目前整体经济状况处在下滑趋势，但是电信市场却有望在未来几年内持续增长；电信行业很可能会成为吸引大量风险资本和其他私人投资的领域之一。建立海外生产设施所需的资金，则可以通过那些希望为新的外商直接投资提供激励措施的地方政府及其附属商业银行来筹集。系统集成商以及其他生产、销售伙伴也可能愿意提供直接融资或贸易信贷，这显然也会为 ADM 公司创造现金流以及现金来源。

未来 24 个月预计的业务结果请参见表_____，其中包括损益表、资产负债表、现金流量分析以及预期数据所依赖的重要假设。

第18章 商业计划书样本三：商品与服务零售商

不懂这一行，就懂那一行。

——肯尼亚谚语

本章给出的是美国一家打算将业务扩张到新的海外市场的宠物用品连锁超市的计划书。尽管从严格的意义上说，该公司并不属于特许经营的模式，但是，其成功取决于公司在其服务的整个地区范围内重复采用同样的分店结构。计划书给出了若干个市场调研和分析问题，其中包括对宠物饲养者消费行为的评估，以及公司直接从生产商那里采购宠物食品和用品的可能性。作为本计划书基础的原始计划书催生了一家非常成功的企业。尽管本计划书重点关注在新的海外市场的销售活动——包括在这些市场进行产品采购，但是本计划书还提到了企业的另外两个全球战略，即在国外进行低成本生产以及开展电子商务活动。

在新的海外市场开设分店

宠物俱乐部的国际商业计划书

宠物俱乐部（以下简称该公司）是一家提供宠物用品以满足其各种需求的

大型商店。该公司目前在美国和加拿大经营着几家大型宠物用品连锁专卖店，店里供应各种宠物食品、宠物用品以及相关服务。此外，该公司还针对宠物饲养者创建了一个颇受欢迎的电子商务网站，而且还通过一些主要购物黄页来销售宠物用品。

大型宠物用品专卖店这一概念源于加利福尼亚一家宠物食品生产厂，该工厂为了处理其存货而开了一家零售店。该店大约从十年前就开始营业了，没过多长时间它就证明了自身存在的合理性，而且通过销售来自其他渠道的宠物用品，该店赚取了丰厚的利润。因此，它又开设了其他分店，并且只过了不到三年的时间，母公司产品的销售额在连锁店整个销售额中所占的比重就下降到了一个很小的比例。该店的成功以及盈利能力并没有什么让人觉得不可思议的，因为它和众多其他成功的知名零售超市有着很多共通之处。

宠物俱乐部成立于_____年前，在美国西南部开设了_____家分店。根据本计划书给出的业务和经营战略，该公司很快就将业务范围扩展到了美国那些有很多宠物爱好者、可以找到位置优越的商店和经销店的地区。截至该公司最近一个财务年度末，它在美国本土累计开设了_____家商店，并在_____个州开设了分店。表_____给出了宠物俱乐部现有分店的位置，以及该公司在未来的12～15个月内准备进入或者扩大业务范围的目标地区。

宠物俱乐部大型宠物用品专卖店在美国的成功使公司筹划将业务扩展到选定的几个海外市场。因为美国市场终有一天可能会达到饱和，所以向海外扩展业务是一个重要的战略选择。宠物俱乐部相信其独特的业务和经营模式完全适用于那些在人口和经济特征方面与美国宠物用品市场类似的海外市场，并能借此赚取利润。

该公司于_____年前进入加拿大市场，截至最近的一个财务年度，它在加拿大开设了_____家商店。因为加拿大和美国在地理上毗邻，两国的大都市在人口和文化条件方面也比较类似，因此除了语言和用于结算的货币外，无须太多调整就可以轻而易举地将宠物俱乐部的模式从美国引入加拿大。公司目前的经销渠道和销售网络也可以很容易地延伸到加拿大，而且在这个市场上，宠物俱乐部还可以利用现有的广告和宣传材料。

除了加拿大外，宠物俱乐部还和其他三个国家的大型零售商签订了若干协议，并与那些拥有各种便利设施和经销基础设施，从而能为大型宠物用品专卖店提供支持的知名企业建立了联系。除了极个别的情况外，这些协议大都非常成功，现在宠物俱乐部面临的问题就是，决定是否要将更多的管理资源和资金投入到新的国际业务中去。尽管该公司认为机会千载难逢，但是依然对包括汇率波动、国际人员配置和聘用、关税及其他贸易壁垒、遵守外国法律、政治经济不稳定及其发展动向等在内的各种风险或问题心存疑虑。

首先，宠物俱乐部计划重点关注那些在一个或者更多大都市中拥有大量宠物爱好者、容易找到生产商、有着经济可靠的分销渠道、曾有过某种形式的零售超级市场经验的海外市场。其次，该公司需要考虑的问题还有是否能够请到经验丰富的零售经理、当地的劳工法律法规对人员招聘和工资水平有什么影响等。根据这些因素以及通过咨询服务获取的信息，宠物俱乐部计划在未来的12～15个月内在法国、德国和英国开设_____家商店。开店战略将参考公司在美国的成功计划，目标则瞄准诸如柏林、爱丁堡、伦敦、慕尼黑以及巴黎之类的大都市或其周边地区。在欧洲，公司还将通过类似于北美的销售黄页和电子商务业务来促进宠物俱乐部品牌的提升。表_____列出了该公司准备进入的目标地区。

该公司在欧洲的扩展计划将交由一个单独的名为"欧洲宠物俱乐部"的业务部门来实施。欧洲宠物俱乐部将在伦敦单独设立总部并以此作为基地，但是其高级管理层将直接向美国宠物俱乐部的首席执行官汇报工作。欧洲宠物俱乐部员工的主要职责就是收集和分析市场信息，确保首次开设的分店能够一切顺利。在某些情况下，他们还要作出全球采购决策，因为很多宠物用品适合在公司开展业务的所有市场上进行转售。欧洲宠物俱乐部还将负责根据公司以前在北美市场的预算水平制定并实施广告、促销战略。

市场与行业背景

注意事项 👉

本计划书重在阐述美国的市场和行业背景，对计划进军的欧洲新市场的介绍则不那么详尽。但是对美国情况的说明也反映了企业应该解决的问题。计划书的撰写人不管何时进行市场分析，只要有可能的话，都应该参照独立分析人员所做的市场调研报告。介绍时还可以附上图表和其他图形材料。本计划书对消费者行为的分析在本书给出的计划书样本中是比较独特的，它告诉我们，在进入每个新的海外市场时，都有必要从顾客的角度来思考问题。

有关市场规模、市场特征、消费者行为以及行业惯例的信息可以通过各种渠道来获得，包括正式出版的调研报告以及公司针对美国各地区的顾客所做的专门调研。宠物食品、用品及服务行业比较成熟，顾客的基本需求也比较容易确定。宠物俱乐部的战略主要是寻找各种革新办法，从而为顾客提供更好的服务，并从传统卖家（比如超市、小型宠物用品商店）那里抢夺市场份额。为欧洲宠物俱乐部制定战略时所面临的挑战是对新市场上消费者行为的解读，这些消费者所习惯的经销渠道不同于该公司过去在美国所使用的渠道。

□ 市场

根据上一个自然年度的销售收入来推算，美国宠物食品每年的零售市场总规模大约为 350 亿美元。其中，喂养狗和猫的消费者购买了 150 亿美元的宠物食品，占宠物食品消费总量的 33%。美国家庭大约拥有 500 万只狗、800 万只猫，行业数据显示，半数以上的家庭拥有一只狗或一只猫，或者两者都有。具体来看，有 15% 的美国家庭养狗，18% 的家庭养猫。因为大多数饲养宠物的家庭孩子年龄在 5～19 岁之间，因此，对宠物的需求主要受家庭结构的影响。猫粮、狗粮零售收入的历史记录显示，在过去 10 年中，实际美元销售收入的年均增长率在 25%～33% 之间。

另外，美国有 11% 的家庭拥有或者经常喂养鸟类、鱼类或者其他小动物——啮齿动物和爬行动物。这些宠物食品的年销售收入大约在 1 800 万美元左右。

宠物用品的市场需求达到了 50 亿美元，具体包括住所、梳理、娱乐、保健、运输、交通、服装、管理、清洁、照管以及相关知识的提供等。其中 85% 以上是由猫科动物或者犬科动物引发的，其余 15% 则由其他类型的宠物瓜分。

从道理来说，每类细分市场的销售收入取决于两个参数。第一个参数是宠物个头的大小。这不仅决定了每个动物食用的食品量，而且决定了宠物用品的大小。第二个参数是宠物的数量。这决定了相关用品的购买量。为了实现可观的销量，宠物俱乐部瞄准的是有足够数量、体型大小适度的动物用品市场。

由于人类生活方式以及人口状况的变化，美国宠物用品市场也正在经历一些细微但是比较显著的变化。这些变化的根源在于，很多宠物饲养者搬到较小的居住区，以及美国人口老龄化。住在公寓或者普通住宅楼的大多数人的居住面积要比那些独门独院居住的人的居住面积小，因此他们更适合饲养小一些的宠物。随着搬进公寓或者普通住宅楼的人越来越多，体型较大的狗在宠物中占的比重越来越小，而猫的数量却开始迅猛增长。这种趋势表现为，狗粮的销量停滞不前，而高利润的猫粮的销量却不断增长。

显然，美国人口老龄化对于该行业的影响是积极的。可能有越来越多的老年人丧失了伴侣或者朋友，为了调剂这些人的生活，一个常见的做法就是让宠物和他们作伴。市场调查显示，这些人对于宠物的关注与年轻人相比，有过之而无不及。这一细分市场的特征是人们在宠物产品的开支方面相对而言慷慨大方。预计这一趋势将使 10 年后的宠物用品供应市场增长到_____亿美元。

十多年前，大多数杂货品牌的宠物食品的销量增速开始下滑，但是更昂贵的罐头"美食"产品则是一个例外。在非杂货的渠道中，专业品质的狗粮销量在过去三年中的年均增长率超过了 15％。这可能是由健康意识增强和收入增长引起的，整个行业都因此而受益。就宠物食品的销售额来说，其增长速度超过了总销售重量的增速。这说明单位售价的提高。宠物俱乐部作为专业等级的宠物食品的重要供应商，有望从这一趋势中获益。

2000 年，美国宠物用品——包括猫狗玩具、项圈和皮带、笼子和宠物栖息场所、书、维生素和其他补充元素、洗涤用品、防跳蚤和虱子用品、水上用品等——的销售额大约为 20 亿美元。在过去的一年中，宠物服务——包括医疗、装扮、驯服培训等——的销售收入大约为 40 亿美元。

加拿大、法国、德国以及英国等地的消费者此前宠物食品和用品的消费结构与美国人的非常类似。比如，调查报告显示，在过去的一年中，约为美国人口 66％的英国其宠物食品的年市场需求总额大约为 30 亿美元——与此形成对照的是，美国为 25 亿美元。每个国家中，养狗或者养猫的家庭占家庭总数的 15％以上；在过去的 5 年中，这些国家猫狗食品的实际美元销售收入的增长率超过美国。表_____为美国和各个海外目标市场数据的比较。

海外目标国家的人口特征同样也应该引起重视。比如，在该公司计划开设首家商店的很多大都市中，一大批宠物爱好者的居所为公寓而不是独门独院的房子。统计数据显示，这些地区中居住在公寓里的人们更有可能饲养一只或者更多宠物。另外，在这些海外市场中的每个国家，年龄在 50 岁以上的人口占总人口的百分比与美国类似。因此，该公司预计这些国家中的上层人口将和美国一样，有大笔开支用于宠物饲养方面。

宠物俱乐部还对每个海外目标市场中宠物食品和用品支出占饲养宠物的家庭的可支配收入的百分比做了研究。它发现，海外目标市场的这一比例远远高于美国。同时，对于所有开支，这些国家的消费者和美国消费者一样，都注重物有所值。所有这些都说明宠物俱乐部在开店和产品定价方面所采取的价值驱动战略是正确的。

尽管欧洲的宠物食品和用品行业由来已久，但是市场调研工作却不像美国那么发达。作为最先在市场上开设大型宠物用品专卖店的公司之一，欧洲宠物俱乐部打算通过消费者信息综合数据库建立竞争优势——该数据库的信息来自对首批商店和二级市场的调查，其中二级市场作为开展第二次开店浪潮的潜在地区，将在首批商店营业后纳入行动计划。

□ 消费者行为

宠物俱乐部和其他大型宠物用品专卖店的成功，在很大程度上可以归功于曾帮助其他行业的先行者们（比如美国价格俱乐部、百货店以及玩具反斗城）获得成功的消费者行为。这些公司广受客户的喜爱，尽管它们的零售店并不追求店面奢华，但还是同时在高收入消费群体以及不那么富裕的群体两个市场上占有了一定份额。

举例来说，大型百货店里大多数定价较高的商品都是些不太引人注目但是却具有较高效用的产品。比如，米其林轮胎、百工的电动工具以及办公用品。优越的性能和/或耐用性是顾客决定购买这些高效用产品的根本原因。这些缺乏魅力却很实用的产品并不会因为管理费高昂的商店采用了让人炫目的销售技巧而增添任何光芒。现在，在购买这些实用型产品时，有更多成熟的消费者会有意或无意地避开那些花哨的零售商店。

很多宠物用品也有类似的情况。宠物食品和周边产品属于不太注重形象的实用型产品。对于每个受宠爱的动物来说，都有一个关心其营养状况和舒适程度的主人。这种宠物用品的消费者需要买的是质量好的产品，除非绝对必要，否则他们不愿意为此多花哪怕是一分钱。注重价值增值的杂货店和百货商店并不提供高性价比的宠物用品。为了迎合顾客对价格合理同时质量上乘的产品的需求，不讲究豪华装饰的宠物用品零售店的出现自然是革命性的进步。

在诸如玩具反斗城之类的商店出现之前，对于任何一类产品，顾客都很少能够找到品种齐全的周边产品和/或食品店。结果不言自明——消费者只能去产品门类高度细分的商店购物。现在，很多产品都有大型专卖店，包括体育用品、家居用品、音像制品等。同样的消费观自然也适用于宠物用品市场。

动物爱好者重视宠物的现有的特殊产品是否充足。然而，消费者发现找到一个宠物周边产品和（或）食品种类齐全的商店是很难的。杂货店并不出售符合动物营养要求的宠物食品。而那些确实提供这些优质产品的宠物商店，其价格也往往贵得吓人。而且不管是杂货店还是宠物商店，周边产品的数量都会受到零售店面的限制。消费者行为使得那些能够提供品种丰富的宠物用品的大型专卖店成为必要。

由于这些海外国家的消费者行为和美国的消费者行为极其类似，因此选择这些国家作为新的目标市场。海外所有这些目标国家的人们大多熟悉大型专卖店这种形式。事实上，在最近几年，这些国家中提供玩具、体育用品、唱片和磁带的大型零售超市一直都很成功。另外，海外目标国家的宠物爱好者们也无法通过杂货店方便地购买到高品质的宠物食品和周边产品。预计他们会对当地宠物俱乐部商店齐全的商品所带来的价值增值、时间的节约表示欢迎。

在为欧洲市场首次设店制定战略时，公司代表已经针对准备设立新店的每个都市地区的杂货店进行了采访。另外，该公司还对伦敦、慕尼黑、巴黎周边地区光顾玩具反斗城的顾客做了调查，以了解顾客对大型商店这一概念的满意度。根据这些采访和调查，宠物俱乐部相信自己将会受到人们的欢迎。这些采访和调查所提供的信息，也使公司得以按照适合新市场要求的方式调整商店布局，同时按照宠物类别和欧洲消费者以往的消费模式对产品组合做进一步的优化。

□ 产业结构

宠物食品和用品零售业是一个竞争激烈的行业，它可以进一步细分为四个不同的类别：（1）超市、仓储俱乐部以及其他大型市场；（2）特色宠物用品连锁店和宠物用品商店；（3）独立宠物商店；（4）互联网零售商。在美国，影响该行业企业竞争力的主要因素包括产品的品种和质量、商店地理位置的便利程度、服务水平和价格等。

目前在美国，超市在整个宠物食品和用品市场上大约占有＿＿＿＿＿％的市场份额。最近几年，超市在宠物食品销售总收入中占有的比重不断降低，这是因为来自大型超市、仓储俱乐部、大型市场、互联网零售商以及宠物用品专卖店的竞争越来越激烈，同时也是由于在超市中不多见的优质宠物食品在销售总额中所占的比例持续增长所致。

直接向折扣店和杂货连锁店供货的生产商代表了该行业高效的一面，它们为整个行业提供了质量适中、性价比较高的产品。尽管这些产品可以带来经济效益，但是在营养价值和生产质量方面，和大多数专门的宠物用品品牌相比，却要略逊一筹。

另外，杂货店或者折扣店售卖的宠物用品只是这些商店所卖的五花八门的产品中的一小部分，它们出售的宠物用品种类很有限，因为它们最多只能为宠物用品提供一个货架。尽管这些商店的产品价格适中，但是可供消费者选择的商品的品种却很有限，质量也非常一般。

为了购买更专业的和/或更高质量的产品，宠物爱好者只能转而走向低效的市场。优质品牌的宠物食品能够提供高于非优质品牌产品的营养价值。在上一个财务年度中，这类产品的销售额占整个宠物食品市场总销售收入的＿＿＿＿＿％。目前，由于生产商的限制，很多优质宠物食品都不通过超市、仓储俱乐部和大型市场来出售。直到几年之前，这些产品还主要是通过小型宠物用品商店和动物医院出售的，这些商店或者医院从经销商那里进货，后者则必须保有一定的库存。这一采购流程导致消费者必须为购买宠物用品多支出一些费用，因为这个过程中经过两个低效的环节。首先，宠物食品的经销商们作为中间商，会对销售价格做一定的加价，以此来弥补它们的成本支出以及作为它们的利润来源。其次，销量有限的小商店也会在销售价格上做一个加价，从而保证它们可以获得丰厚的利润。这样一来，最终的结果是，零售价格高企，顾客得到的收益水平因此而下降。

宠物俱乐部和其他大型超级市场通过消除经销商环节，以及提高商店规模经济的方式抓住了传统经销链效率较低这一商机。宠物俱乐部的各家分店按照高销量、低管理成本的理念进行经营，它们直接从生产商那里进货。结果是，消费者通过仓储式商店购买宠物食品能比以往从一层层加价的经销点（比如动物医院或者社区宠物商店）购买节省大笔开支。这一战略已经从宠物食品领域扩展到了宠物周边产品领域，这同样可以为消费者节省很大一笔钱。

在美国，宠物用品由各类零售商出售，包括超市、折扣店以及其他大型市场、宠物用品专卖店、直邮店、网上商店和动物医院等。这些商品的经销渠道很分散，据估计，大型超市和折扣店的销量大约占到了美国全国销量的_____％以上。同样，美国的宠物服务行业也非常分散，该行业的服务水平很低，由于不够便捷、缺乏相应意识和服务成本等原因，很多宠物饲养者不太使用宠物服务。

每个新的海外目标市场的产业结构都与美国的产业结构非常类似。但是，有些重要的例外情况需要引起我们的注意。首先，海外市场通过超市以及其他大型市场供应的宠物产品的范围没有美国的产品范围广。因此，在这些国家，超市对于宠物俱乐部的威胁不像美国那么严重。其次，市场上的宠物用品连锁专卖店和宠物用品商店也不像美国那么活跃。在很多情况下，宠物爱好者们大多在独立宠物商店购买所需产品，其价格要高出很多，因为这些市场同样存在着前面提到的中间商加价问题。鉴于海外市场上的消费者日渐对大型零售中心（包括超市和宠物俱乐部经销点）所带来的便利表示出欢迎，预计这些市场上客户的购买习惯很快会发生变化，独立宠物店的市场份额会因此而受到冲击。

商品与服务

注意事项 👉

宠物俱乐部目前可以提供一系列服务，这使得客户可以按照几种不同的方式和该公司做交易。除了实体商店外，该公司还推出了黄页销售业务，甚至已经着手准备通过互联网来销售。尽管这些极具价值的可选方案将会照搬到新的海外市场，但是该公司还是采取了谨慎的态度，其在电子商务领域的战略尤其如此。在美国，通过互联网销售宠物食品和用品的各种尝试都遇到了很多问题，其结果是相关企业损失惨重，很多宠物俱乐部的竞争对手最终走向了兼并重组。该公司希望通过互联网来为其实体商店提供支持，至少在刚开始采取新市场举措的若干年内会是这样。

在北美，宠物俱乐部为其顾客提供广泛系列的产品和服务。在欧洲宠物俱乐部即将推出之际，公司将在选定的几个欧洲地区采取类似的做法。该公司通过其实体商店来提供宠物食品和用品以及驯兽和兽医服务。另外，作为对实体店的补充以及针对不能亲自来商店的顾客所提供的一项特殊服务，公司已经建立了电子商务网站，同时提供黄页销售业务，这些做法对目标市场上的特殊群体具有一定的吸引力。通常来说，每个地区的商品和服务组合都是相当标准化的。但是由于当地消费者购买习惯的缘故，同时由于有必要对某些在美国首批开设的商店中没有提供的服务进行测试（只有在公司更加熟悉消费者行为之后才会增加这些服务），所以首次在欧洲宠物俱乐部商店内提供的产品和服务组合很可能会有所不同。

☐ 商店

宠物俱乐部所提供的宠物用品的种类是市场上最齐全的。商店的存货通常为两类。第一类是消费品，包括食品（包括医疗用品）、褥草和刨花等。在美国，消费品的年均库存周转率超过_____次。据预计，欧洲宠物商店在其将要服务的市场中也将拥有与此类似的年均库存周转率。消费品的购买具有经常性和重复性。相反，属于另一类的宠物用品和周边产品的消费则具有偶然性和随意性。宠物用品包括笼子、狗窝、床、相关书籍、皮带、玩具、医疗用品、洗涤用品以及很多其他相关产品。这些产品的周转率大约为每年_____次。公司在美国各销售网点的总销售收入中，通常_____％为消费品，_____％为周边产品。

这两类产品属于互补性产品。购买消费品时顾客将会看到各种宠物用品。正如杂货店在顾客购买主食（面包和牛奶）会顺带出售随意性商品（炸薯条和啤酒）一样，公司希望借顾客进来购买宠物食品的机会向其出售猫用的玩具。产品种类丰富多样增加了向那些喜爱宠物的顾客兜售产品的机会。过去的经验表明，品种丰富的宠物用品会吸引更大范围的顾客。这使得商店有机会向新顾客介绍其系列消费品。品种齐全的宠物用品已使大型商店成为成熟顾客购物的首选。

　　和其主要竞争对手不同，宠物俱乐部还为宠物主人提供系列广泛的服务，包括全方位的装扮服务和宠物训练服务。另外，越来越多的宠物俱乐部商店内部设立了动物诊所，这些诊所可以提供全方位的服务，包括常规检查和打疫苗、牙齿保健、配药、常规甚至是复杂的外科手术等。此外，很多没有设立内部诊所的商店也提供常规的疫苗和保健服务。内设的所有动物诊所都由第三方根据比较战略合作协议进行运营。根据战略合作协议，与诊所有关的成本和收入在各方之间进行分配。

　　宠物俱乐部商店采用很多大型平实专卖店和仓储式零售商所倡导的成熟销售模式。这样，宠物俱乐部更接近大型折扣专卖店（比如，玩具反斗城）和大型仓储式商店（比如，价格俱乐部），而不是传统的社区商店。商店环境将有意保持一种朴实的风格，以强化其低管理费的形象，并因此维持其在顾客心中的可信度。比如，大袋的动物食品和成箱的罐装宠物食品被堆放在货盘上（通过铲车直接运到销售楼层）。水泥地板和工业用货架也都是标准规格的。

　　根据市场调查以及签署数个咨询协议的经验，宠物俱乐部预计海外新市场的商店格局将和美国类似。在有些情况下，商店的规模将略小于美国的商店。这取决于新市场可租用的店面的情况，同时也考虑到这些国家的消费者对大型零售店还不太熟悉。海外市场各个商店的规模和布局还会受到当地商品品种的影响。另外，具体宠物类型的相对重要性也会起到一定的影响作用。公司最后预计，海外市场上的宠物服务在开始阶段的表现可能会比较平淡。比如，能否在公司商店内开设动物诊所可能要受到当地法律法规的制约。

　　为了在欧洲开设新店而进行市场调研的过程中，宠物俱乐部发现欧洲消费品和宠物用品、周边产品的销售组合很可能会与美国略有不同。在两个市场中，尽管人均宠物支出及其需求在收入中所占的比重大体相同，但是，欧洲宠物爱好者在消费品方面的开支很可能高于其在宠物用品和周边产品方面的支出，而宠物用品和周边产品的购买更具随意性。虽然随着消费者开始意识到其在消费品方面节省了开支，并且将节省的部分资金用于购买宠物用品和周边产品，这种消费模式可能会随着时间而发生变化，但它确实会对欧洲商店初始产品组合的变化起决定作用。

□ 电子商务购物商机

　　宠物俱乐部已经开始认识到互联网和电子商务的日益普及，因此，它开发了与宠物有关的商务网站，并且受到了人们的热烈欢迎。该网站建立于＿＿＿＿＿＿年前，一直被独立互联网机构列为访问量最多的网站之一。该网站的特色是提供品种丰富的商品、专家意见，并且为关心宠物的消费者组织社区活动。尽管公司的首次电子商务尝试还算成功，但是这并不能保证这种做法是未来切实可行的经销战略。除了其他情况外，公司还注意到竞争对手已经被迫投入大量的资本来为其在线购物服务提供支持。此外，由于在海外目标市场开展电子商务活动的进展一般要慢得多，所以，公司预计未来在这些国家的互联网销售业务所创造的收入不会太高。

宠物俱乐部计划在成功开设首批商店后，推出欧洲宠物俱乐部网站以利用电子商务带来的商机。开始阶段，网站上主要提供一些信息资料，并不具备在线大规模销售产品所需的昂贵的基础设施。实际上，通过网站开展的初始销售活动只是将访问者引向电话订购系统，由电话订购系统接收订单，并将订单转给离顾客最近的实体商店来处理。在建立起品牌知名度之前，欧洲宠物俱乐部并不会设立一个单独的欧洲业务处理中心，也不会为网站投入大量的资金。一旦推出并建立起实体商店网点，将大大增加商店内部的在线服务。实际上，公司打算对欧洲的电子商务活动采取谨慎的观望态度。

□ 销售黄页

在北美地区，宠物俱乐部还通过销售黄页来直销某些产品。目前，这些产品主要可以分为四类（——列举）。每类商品黄页为一个特定的产品系列——通常根据宠物类型以及宠物主人所在的地理位置进行细分。黄页提供打折的品牌产品，并且可以促进实体店以及网站上相关产品的销售。顾客可以写信订购或者利用免费电话订购服务。截至去年底，在北美，每年发出去的黄页多达_____百万份。宠物俱乐部的顾客信息资料库显示，在过去的_____个月中，已经通过宠物俱乐部黄页采购的顾客大约有_____百万。公司利用这种营销手段和顾客信息资料库吸引新的顾客，并且带来了额外的销售收入。

公司相信，黄页销售将成为海外新市场中重要的营销手段。根据市场调研，公司认识到有一大批宠物爱好者已经在进行黄页销售的其他商品方面有着非常满意的购物体验。目前，公司正在和每个目标市场的印刷公司以及合作机构进行谈判，以便为其黄页业务建立所需的基础设施。据公司预计，一旦在海外市场推出黄页销售业务，它将能够在每个国家迅速开发一个客观的专有顾客信息资料库。公司还相信，黄页销售业务将使其能够在欧盟地区内的临近市场上找到立足点，那里终将成为公司设立实体商店的目标区域。

尽管首次瞄准的几个欧洲市场基本上不讲英语，但是欧洲宠物俱乐部的首批产品黄页仍将以英语的形式推出。这样做是基于以下几个原因：第一，市场调研显示，有很大比例的潜在客户会说和阅读英语，已经习惯于收到各种主要针对英语受众的促销信息。第二，只用一种语言编制产品黄页将大大降低在欧洲开展黄页销售的成本，这样，公司为北美市场编制的产品黄页，大部分内容只需简单加以修改就可以继续使用。显然，随着欧洲宠物俱乐部向其他国家以及远离都市中心的其他地区进一步扩展，将需要更多的资源用于商品黄页和信息的本土化。

商业战略

长期以来，宠物俱乐部的战略一直都是力争能够较好地满足宠物的终身需求。公司的业务活动主要瞄准它认为可以明确确定的宠物爱好者市场，这一市场包括那些关心宠物安康的个人和家庭。由于饲养宠物以及宠物主人对于宠物的关心已经成为一种普遍现象，所以宠物俱乐部面临着很好的商机，可以指定一个很容易便能迅速适应全球市场的核心商业战略。

通过丰富的产品类型和合理定价来为顾客创造价值。宠物俱乐部的各个商店所提供的产品是市场上种类最齐全的，其中包括以往只能在小型专卖店高价买到的产品。由于宠物俱乐部有能力从生产商那里大批量进货，再加上公司采取了降低和控制商店管理成本和行政费用的战略，所以该公司的产品都能以低价出售。除了增加产品选择之外，公司还打算通过训练宠物和增加资源的方式树立起在宠物服务行业中的领导地位。

欧洲宠物俱乐部在产品选择和定价方面打算采取公司在北美的做法。该战略的关键在于公司是否有能力与当地生产商和供应商建立并维系一种类似于其在美国和加拿大那样的关系。在很多情况下，欧洲生产商和美国各公司之间具有附属关系，而美国的这些公司一直都是宠物俱乐部的长期合作伙伴。公司已经做了很多初步调研，因此，它相信在欧洲以低价获得大量产品将不会有太大的问题。就很多方面而言，在欧洲设店要比公司在美国首次开店更容易，因为在美国开店时，公司和生产商之间并没有建立起业务伙伴关系。

针对欧洲的消费者调研还显示，消费者对价格非常敏感，因此，宠物爱好者可能愿意改变其购物模式以便节省开支。正如之前所讨论的，在欧洲，与宠物有关的支出在可支配收入中占有相当大的比例。可以预计，消费者希望将这笔开支的价值最大化。欧洲宠物服务市场（比如宠物训练和兽医服务）相对来说前景不太明朗，因此，在实践证明切实存在这方面的需求之前，首批商店在这一领域的资源投入可能会比较少，甚至是根本不投入任何资源。实际上，在欧洲，宠物主人对于宠物训练水平的期望有着较大的差别，其中的原因尚不明确，但是可能与宠物主人的背景以及宠物主人在儿童时期初次接触宠物时的经历有关。

优质的客户服务。除产品类别和定价外，宠物俱乐部一个显著而独特的竞争优势就是公司注重为顾客提供优质服务，希望不断提升顾客的购物体验。公司对雇员进行了广泛的培训，并且制定了各种鼓励措施，以激励雇员和顾客之间建立各种积极良好的关系，并且在顾客咨询时成为其可信任的消息灵通人士。另外，经过调整的商店格局将按照宠物类型来摆放产品，从而提高了销售效率，顾客可以更便捷地找到自己所需要的产品。

在新店刚开始运营的几个月时间里，需要确定海外新市场中顾客服务的价值。在开始阶段，顾客很可能被商店里品种丰富的产品和更有竞争力的定价，而不是被公司为顾客提供的具体服务水平所吸引。但是因为该公司预计欧洲市场最终一定会出现一个或者多个竞争对手，所以从第一天开店起就会关注顾客服务，希望借此赢得消费者对欧洲宠物俱乐部的高度忠诚。据预计，欧洲宠物俱乐部将构建一个综合性的人力资源机制，其中包括培训方案、薪酬体系、雇员整体的道德修养等。公司发现，最好的雇员都是真正的宠物爱好者，他们对顾客所提出的和所关心的问题有着强烈的兴趣。在为欧洲的新店进行人员配置时，公司会考虑到这一因素。

成本控制。宠物俱乐部已经下定决心要努力控制成本，以便将由此带来的节余转移给顾客，同时加快业务有限度的增长。为了实现这一目标，它已经制定了很多战略，其中包括直接从生产商那里大量进货、商店的规模经济、提高行业标准的库存周转率、使用经济合理的不动产、采用广告分级以及很多其他具有成本控制意识的措施。另外，公司将有意避免在消费信贷或不动产方面的附属性投资，这样做的目的是将注意力集中在战略重点上。

公司预计很多在北美有效的成本控制战略也将适用于欧洲业务。由于意识到公司正在进入一个具有一整套不可测消费行为习惯的新市场，欧洲宠物俱乐部将特别注意控制管理费的水平，并且避免作出可能会影响其变更地址或利用新市场机会的长期承诺。

商店的选址。在美国，宠物俱乐部的商店一般位于设有超市且客流量较大的地段，通常来说是在购物中心内或者附近。在选择了地理位置合适的市场后，公司努力通过开设若干商店迅速在市场上取得领导地位。这一战略通过提供便利措施来提高顾客服务水平，同时在广告、经销和管理方面实现营业效率和节约的目标。

尽管在欧洲目标地区的商店数量不一定像美国的购物中心那么多——这些购物中心的数量实际上已经使美国很多地方的市场达到了饱和，但是一个日益明显的趋势是，零售店通常聚集在交通便利的地区。这些地区将成为公司欧洲新店的主要目标，预计这些地区将和美国商店一样带来足够多的客流量。欧洲宠物俱乐部还将考虑是否可以在城市中心购物区开设一个或者多个商店，以便为居住在城里的宠物爱好者提供方便。由于交通和停车问题，这些消费者不愿意购买私家车，其大多数情况下是在其公寓或者独户住宅附近地区购物而不是去郊区。

其他购物途径。尽管公司的超市一直是而且将继续是销售宠物俱乐部产品的主要渠道，但是为了给顾客提供方便，公司打算开辟其他的购物途径。它已经成功推出了一个颇受欢迎的电子商务网站。该网站不仅提供和店内一样物美价廉的商品，而且还提供与宠物有关的各种信息。另外，宠物俱乐部的黄页销售业务也使得公司得以将更多的产品提供给那些饲养特殊宠物的人。所有这些购物途径都扩大了公司为顾客提供服务的范围，使公司能够为那些远离公司商店的顾客提供服务。正如前面提到的，电子商务和黄页销售将成为欧洲销售活动的一部分。但是欧洲宠物俱乐部将首先关注零售商店网点的成功推出，以及品牌知名度和顾客认知度的建立。

营销战略

☐ 地区市场

宠物俱乐部在美国的商店一直将高、中、中高收入的郊外社区作为主要的目标市场。选择这类市场的原因在于：宠物数量多（不管是绝对数量还是相对数量都是如此），住宅面积适合饲养体型更大的狗，以及成熟家庭数量较多等。除零售业务外，宠物俱乐部还有一些采取"现金购物和自行提货"的方式进行批发的客户。这些客户包括社区宠物用品商店、动物饲养者、动物美容院以及农场等。

欧洲首批区域市场的特征大多（如果不是所有的话）和北美商店的市场特征一样理想。一些都市地区，比如伦敦、巴黎以及慕尼黑，不仅聚集了大批宠物爱好者，而且还居住着富有阶层——这些阶层的人们更有可能在宠物身上大手笔花钱，更有可能去零售中心购物，而那里恰好是欧洲宠物俱乐部将会选择开设分店的地方。

☐ 商店的位置

吸引郊区宠物主人这一战略的关键因素在于将商店设在人流量大的郊区购

物点。大型宠物用品商店的发展历史证明这一概念的运用能够吸引到"目标"顾客。至于那些图方便的顾客，公司认为方便的位置也是吸引这些顾客所必需的。通过这种方式，宠物俱乐部一直都在成功地从超市那里抢占市场份额。

公司的管理层认识到宠物食品销售收入中有相当一部分来自便捷的购物体验。因此，很多顾客将继续在杂货店购物。但是位于主要干道/购物街区的商店提高了宠物俱乐部在"便捷"这一层面的竞争力。在美国，选择商店位置时，一般要求商店周围 5 英里范围内的人口数量至少为 20 万人。根据市场具体情况的不同，商店之间通常相距 10～15 英里。欧洲商店位置的确定将取决于人口因素。实际上，由于郊区某些地区的人口高度集中，商店的密度可能会很大。

□ 广告与促销

宠物俱乐部将印刷品和电子媒体广告作为基本的促销手段。其广告支出一般占销售收入的＿＿＿％左右。为了进一步发挥预算的杠杆作用，在广告市场范围内，宠物俱乐部将在某个地段集中开设多家商店，并且在可能的情况下，同时在其他地段开设若干这样的商店群。

在新进入市场的初次广告的主要目的是创招牌。电视广告用于宣传商店丰富的商品种类。但是广告上大型"平实"的商店，以及具有威力的产品贱卖标签同时也向消费者传达了一种价值信息。连续的促销活动包括经常性地使用购物优惠券。使用优惠券的成本由参与活动的供应商（通常情况下，都是杂牌子的宠物食品供应商）承担。另外，商店的促销日程表中还包括半年一次的特别优惠活动。

欧洲新店的广告和促销战略将按照当地的习惯做法进行，在美国普遍使用的广告和促销组合也会据此进行相应的调整。比如，很多潜在消费者所收到的大部分信息来自包括报纸在内的印刷品，而不是电视和收音机。因此，可以预计，欧洲宠物俱乐部将会在平面媒体上投入更高比例的广告资源。在通过电视宣传促销信息的时候，广告重点将放在那些通常能影响更富裕的顾客的渠道上（尤其是收看有线电视的顾客）。因为广播公司的电视信号是面向整个欧洲发送的，所以欧盟的扩张以及电讯公司的一体化会使得公司的电视宣传可以对多个国家产生影响。

□ 定价

宠物俱乐部店内营销战略的关键因素之一是采取价值定价的做法。定价战略依据主要产品类别的不同而不同。比如，在美国，公司对于附属产品和专业等级的食品按照利润高于_____%的策略定价。尽管这些利润是可观的，但是这些产品的价格还是大大低于竞争对手的定价。之所以能够做到这一点，是因为零售规模经济以及省去了同样要求获取利润的中间商的缘故。公司预计欧洲首批商店的销售收入也会带来差不多的利润。

杂货店品牌宠物食品的定价能够和最具竞争力的超市相匹敌。比如，在很多地区，宠物俱乐部有半数的商品价格低于或者至少是"整个城市的最低价"。其售卖的那些杂牌产品的定价能给顾客带来更高的价值。但是，这些价格给顾客所带来的节省将不同于更有营养的专业品牌的产品（这些产品是超市所没有的）。在美国，杂牌产品的销售的一个重要的促进因素是优惠券，宠物俱乐部广泛使用这一营销战略来降低产品价格。尽管杂牌产品是各商品中利润最低的，但是它们却能吸引大量的顾客——这显然有利于商店销售其他高利润的产品。优惠券可能不会成为影响欧洲宠物俱乐部各商店销售状况的重要因素。公司相信，这些商店中类型多样的产品将提供必要的诱因，使得消费者放弃传统的购物模式。

消费者对大多数宠物产品的品牌忠诚度都很低。这是可供利用的一个商机。宠物俱乐部的高质量产品能够给顾客带来卓越的价值。在大量购买和直接进口的情况下，该公司能够提高利润，降低产品价格。公司已经在欧洲市场就具体品牌做了初步调研，并且发现如果顾客相信确实有优越的价值和质量，他们将愿意改变现有的偏好。

□ 商店设计

宠物俱乐部的设计以形象、购物方便和交叉销售为理念。为了给顾客一种该公司管理费用很低的印象，其商店将采取仓储店式的装修风格。高天花板、金属货架、水泥地板、手写样的标识以及使用板条箱装货等都是为了让商店在人们心中有一个"平实"的形象。店面的布局要求商品按照宠物类型摆放。比如，宠物狗所用的所有产品都放在店内的指定区域。这种商品布局有助于顾客找到他们想要的产品，同时也可以向他们展示可能会引起他们兴趣的其他一些产品。

欧洲宠物俱乐部的外观和公司在美国的商店的外观一样。尽管目标市场的消费者可能不像美国消费者那么熟悉商店的格局，但是这种做法却可能会被广泛接受，因为欧洲的零售店通常不像美国的那样华丽。

□ 客户服务

店内营销最后一个重要的影响因素就是客户服务。公司将服务减少到最低限度。宠物俱乐部不为进行零售或批发的客户提供信贷，但是在颇受顾客欢迎的几种服务上确实花费了很大心思。比如，在美国，所有宠物俱乐部的商店都接受支票和一些知名的信用卡，欧洲宠物俱乐部的商店也将采取同样的策略。电子收款机系统以及结账程序都是按照能够减少客户等待时间的方式设计的。在可能的情况下，采取打包后提货的方式加快停车场的周转率、减少收集购物车的工作和货物损失的费用，同时使商店能够做到热情送客。最重要的是，商店的销售人员是流动的，可以随时回答顾客可能提出的问题，并且将顾客引向他们所需要的产品所在的位置。

■ 经营战略

如今，如果某家商店能够提供高性价比的产品，那么购物者将会选择这家特定的零售商集中购买某些产品。宠物俱乐部公司的使命就是为顾客提供市场上品种最丰富、能给顾客带来高性价比的宠物用品。如果它能够在宠物用品行业成为管理费最低、品种最全的专卖店经营者，那么这一使命就可能会实现。在给股东提供丰厚回报的同时，为了完成"品种最全，性价比最高"的使命，公司必须重点关注几个关键的经营环节。

□ 商店的开设

宠物俱乐部目前在美国和加拿大的大多数大型市场上都开设了商店，公司下一个财务年度的计划包括在现有市场中开设＿＿＿＿＿家新店。尽管宠物俱乐部预计每家新店都能盈利，但是公司的经验表明新店将会蚕食这些市场中已有的宠物俱乐部其他商店的收入。另外，公司的很多商店还没有得到充分发展，其销售收入的增长速度依然高于平均增速。但是可以预计这些商店的年均收入将渐趋稳定，大幅增长的机会将会减少。这正是公司谋求进入海外市场的根本原因之一，因为海外市场所具有的高增长机会可能是美国市场所没有的。

据估计，营业利润也将受到新店的影响，这是由于开店的前期费用需要抵补，同时未发展成熟的商店的销量也比较低的缘故。在某些北美地区，商店销售收入的增长和毛利水平要比其他地区低一些。另外，某些营业成本，尤其是有些新进入的地区中的那些与占用店面有关的成本可能要高于历史水平。此外，某些地区紧张的劳动力供应也可能会增加商店雇员的费用，其增长速度可能会达到历史新高。由于类似商店销售收入的总体增长率可能会减缓，再加上各种成本上涨带来的影响，所以在未来一段时间内，宠物俱乐部商店的总体毛利水平和营业利润都可能低于历史水平。

在美国和加拿大开设新店还会受到其他因素的影响，包括有足够的资金用于租赁店面的改建、购买固定设备和库存、开店前期费用、培训和留住有经验的经理和雇员等。尽管公司目前的业务可以提供足够的现金流来为其扩展计划维持理想数量的商店提供资金支持，却无法保证有足够的资源。这可能会导致商店关门和/或出售公司某些资产或者投资项目。

宠物俱乐部估计，在欧洲开设的商店至少在若干年内不会受前述因素的限制。至于开设新店的最佳节奏以及在整个都市地区集中开设多家商店的战略，公司已经在美国市场上积累了丰富的知识和经验。如上所述，公司已经瞄准了一些大型都市地区以推出欧洲俱乐部的首批商店。在不久的将来，公司可能还会在原有商店的集聚地增开商店，并在同一国家将其势力范围扩展到二线城市。这些城市消费者的密度特征和大都市的密度特征相同，在这些地区开店的数目虽然不像大都市那么多，但是开设几家商店还是可行的。根据欧盟地区消费者所具有的流动性，可以预计公司在未来的_____个月内，将向若干个新国家扩张，其在选定的首批国家建立的品牌知名度以及遍及欧洲的促销战略可以保证公司的成功。

☐ 采购

采购战略是宠物俱乐部业务的核心。正如我们前面曾经提到的，公司可以直接从宠物食品和用品供应商那里进行大批量采购，因此可以享受较高的价格折扣，同时也避免了在有中间商介入的情况下支付给后者的佣金。反过来，这也使得和竞争对手相比，宠物俱乐部可以提供更优惠的价格以及类型更丰富的产品。

尽管宠物俱乐部和美国的优质宠物食品和周边用品生产商之间并没有签署任何长期的供货合同，但是它公认的市场领导者地位再加上巨大的采购量，使得它有机会和任何厂家进行洽谈并且以优厚的条件达成交易。优质猫粮和狗粮的销售收入在该公司的收入总额中占有相当大的比例。目前，优质宠物食品生厂商大多不允许自己的商品在超市、仓储式俱乐部或者其他大型市场进行销售。但是，未来这一趋势有可能会出现转变，这很可能会给宠物俱乐部的业绩带来一些负面效应。

宠物俱乐部通过"远期采购"的方式来锁定成交价。比如说，如果厂家可以给它提供8％的折扣，那么它会一下子采购足以满足其10周销量的货物，而不是仅仅采购刚好能满足当前销量要求的货物。宠物俱乐部还会购买一些出现意外状况的商品。比如，超市因为库存过多而拒绝接收的一卡车货物，宠物俱乐部很可能可以按照五折的价格买下来。这些都是宠物俱乐部惯用的手法。

宠物俱乐部对宠物用品及周边产品的庞大需求意味着相当数量的产品可能需要从海外直接采购。实际上，它已经圈定了一些产品，如果这些产品改为从海外进口的话，可以大大提升其利润水平。但是，海外供应商在供货的及时性、产品质量的可靠性、包装以及标签等方面能否符合公司的要求，没有绝对的保证。

欧洲的宠物食品与用品生产市场要比美国市场更加零散，大型供货商的数量屈指可数。另外，一些美国生产商在欧洲开设了分公司，这些分公司一方面进行自主生产，另一方面还销售从母公司进口的产品。宠物俱乐部已经和欧洲的很多生产商展开了谈判，并且确信自己可以按照优惠的待遇和条件，与其中的一家大型厂商建立业务关系。

作为其向新的海外市场扩张的一部分，宠物俱乐部一直都在寻找机会和那些有能力直接向欧洲市场提供宠物周边产品的供应商签署战略协定。协定的具体形式还没有确定。比如，公司可能会和海外供货商达成一项协定，其中约定的折扣力度要高于目前通过进口相关产品带来的成本节约。在其他一些情况下，公司则可能会考虑与同意它对产品质量以及工厂运营有更大控制权的海外生产商一起组建合资公司。在组建合资公司的情况下，生产的产品既销往北美，也销往欧洲。

□ 分销

在美国，宠物俱乐部采取各种一体化的分销战略将货物配送给各个商店，包括将整车货物运往一家商店、几家临近的商店分销一车货物、在商店比较密集的地区设立联营中心以及设立集中分销中心等。

宠物俱乐部在伊利诺伊州斯普林菲尔德的市郊租了一个_____平方英尺的地方作为分销中心，该中心于_____年前开业；此外，还在内华达州的拉斯维加斯租了一个_____平方英尺的分销中心。公司还在得克萨斯州夫特沃斯的郊区租了一个_____平方英尺的场所，并且在一年前重新进行装修设计，作为远期分销中心（forward distribution center，FDC）。该中心主要负责那些需要及时补充的消费品，通过一种更高效、节约的方式提升库存产品的周转速度。远期分销中心的这种做法可以更有效地利用商店的库存、劳动力，降低运输成本，改善库存状况以及分销中心的生产率，增强厂商的支持力度。除此之外，宠物俱乐部还在纽约有一家_____平方英尺的履约和分销中心，以便为那些通过电子商务或者销售黄页采购的顾客服务。

宠物俱乐部预计，在新的海外市场上的分销工作将主要通过每个国家的集中分销中心以及向商店比较密集的主要都市送货两种方式完成。公司已经针对

商业计划书样本三：商品与服务零售商

每个主要都市可供利用的仓库情况作了前期调研，认为可以按照比较有利的条件找到位置合适的场地。开始时，公司在海外市场上主要采取租赁分销和仓储设施的做法。但是，据预计，公司最终会在每个国家建立自己的分销中心。另外，公司对于它可以在每个国家租赁一支车队，负责将货物从分销中心运往各个商店这一状况也感到非常满意。

☐ 数据系统和库存控制

宠物俱乐部一直都认为，精细的管理信息系统是及时向消费者作出回应的最好的反馈机制。公司利用现代化的数据系统来优化采购行动，以帮助准确地将产品送到各个商店，以及制定可以使利润实现最大化的定价策略。这些系统是参与市场竞争的重要武器，使公司可以做到竞争对手无法做到的事情。去年，宠物俱乐部还安装了新的实体店销售和支持系统、仓储系统、通信系统以及SAP零售管理信息系统。据预计，公司在美国采用的数据系统以及库存控制程序可以很容易地应用到新的海外市场。

☐ 地产

商店的选址对于其后期成功的重要性是一件众所周知的事。宠物俱乐部的地产战略是采用科学的选址方法，在可行的预算范围内找到可以为市场服务的地址。公司与目标地区市场上的零售地产专家合作，在各地积累了很多成功选址的经验。公司将利用可供利用的人口数据对这些店址进行评估。

近来美国市场上出现的两股不同寻常的趋势可能会给宠物俱乐部的地产并购战略创造有利的机会。在美国各地，购物街上的超市逐渐开始舍弃面积在2万平方英尺以下的商铺，转而寻找更大的空间。这些被舍弃的店铺基本上可以满足宠物俱乐部商店的要求——在不具备为它量身建造商店的条件下。另一个趋势与美国税法带来的转变直接相关。随着出于投机目的而建造的各类地产项目越来越少，开发商和承建商在量身定建商铺方面展开了激烈的竞争。量身定建商铺对于宠物俱乐部来说有几大优势。一个根据宠物俱乐部的要求建造的商铺在投入运营后，可以节省大量的劳动力成本。另外，使用量身定建的商铺可以加快宠物俱乐部的扩张步伐，因为这样做省去了租赁商铺所需的前期改建费用。

宠物俱乐部相信，它可以在海外市场为自己的首批商店找到理想的场地。但是，如果在这些市场上继续扩张或者开设更多的店铺，则可能会遭遇在美国市场上所不曾碰到的难题。比如，这些海外市场不像美国有很多被舍弃的超市可供利用。因此，公司有必要根据自己的要求量身定建商铺，或者投入资金对现在租来的仓库进行改建。考虑到当地对建筑活动的管制以及建造成本可能会高于美国等因素，不管是哪一种做法都有很大的风险。

□ 政府管制

宠物俱乐部必须遵守那些约束它与雇员的关系，包括最低工资要求、加班问题、工作条件、身份要求等的法律。此外，美国的一些州以及加拿大的个别省份对于在零售商店内提供兽医服务或者开设兽医诊所也制定了相应的法律法规。公司已经对计划在目标市场开设新店所适用的法律法规做了调研，并且确信自己无须花费太多成本就可以按时拿到所需的执照和许可证。但是，在海外市场上，由于遵守新的海外市场上的劳动法或者其他旨在保护劳工的法律法规而付出的成本，很可能要高于在美国付出的成本。

□ 人力资源

截至上一个财年，宠物俱乐部在美国和加拿大共有_____名雇员，其中_____人是全职员工。公司员工所得到的工资和福利与当地零售店相比，很有竞争力。宠物俱乐部不受任何集体工资谈判协议的约束，而且也从不曾遭遇员工罢工的情况。

一直以来，宠物俱乐部的人员都比较精简。公司的管理哲学是奉行扁平化的企业管理结构。与多层级的组织结构相比，按照这种结构组织的企业通常更加灵活，也更容易实现成本的节约。而且这种做法也更容易催生出优秀的经理人。宠物俱乐部尽量避免设置大量的中层管理职位。借助现代化的管理信息系统，完全可以更有效、更直接地实现对分散的经营网点的管理。

宠物俱乐部采取了各种措施来激励员工实现公司的目标。公司的每个雇员都有一个由其认知系统支撑的目标。公司在配置员工时，预留了一些在职培训岗位，考虑到公司的快速发展，晋升是最现实的激励措施。此外，公司希望员工可以参与到运营决策过程中，而且懂得尊重公司的客户和同事。

欧洲宠物俱乐部的人力资源战略由欧洲总部的专人负责实施。公司的高级管理层包括一个总裁或者首席运营官，以及承担如下职责的高级经理：财务、采购、分销、物流、人力资源以及营销。虽然说这些职能部门的经理们会定期和他们的北美同事们交流意见，但是整个企业最终的运营和战略决策仍将由美国总部制定。他们交流的话题主要是那些可以在不同分公司之间进行整合的活动，比如从北美和欧洲的大生产商那里进行采购、建立可以时时反馈世界各地商店库存状况的信息系统等。欧洲宠物俱乐部的经理在预算范围内——该标准在征求美国管理人员的意见之后制定——拥有相当大的自主权来执行战略。

欧洲宠物俱乐部的高级经理将从当地选拔，而不是从北美地区调派。之所以这样做是基于以下几个原因：首先，正如前面提到的，北美公司的人员配置并不存在冗余，从那里长期抽调员工前往欧洲工作是不切实际的。其次，尽管宠物俱乐部是采取连锁经营的模式，但是其成功从根本上说却有赖于公司与当地消费者建立起的良好关系，并清楚地知道他们的独特需求。这就要求经理人员有在当地市场工作的经验，并且有能力持续监控新进入的市场上的消费者行为。

公司委托位于_____的一家猎头公司来为自己寻找合适的候选人。被选中者将用三个月的时间在美国了解公司的运营战略，并且和公司的高级经理们会面以便建立个人联系，这对他们日后的交流来说是非常有必要的。一旦欧洲公司的开业工作准备就绪，北美公司的管理人员们会在欧洲逗留一段时间（每次不超过两周）以便为商店开业和组织工作提供意见和支持。

欧洲宠物俱乐部的人力资源经理已经被正式任命，他将和当地的猎头公司一起，为各个商店挑选合适的销售人员，同时他还要负责这些人员的培训和激励项目。欧洲宠物俱乐部的人力资源经理已经在北美接受过初期的培训，并且和北美同事共同制定了适合这些新市场独特的文化环境的员工手册和工作守则。

有关欧洲宠物俱乐部各个高级经理职责以及各个职能部门员工人数的详细规定，可以参见表_____。

财务战略

宠物俱乐部预计，目前其所拥有的资本和可以获得的现金流足以支撑其在可预见的将来的扩张计划，包括在新的海外市场开设首批新店。

通常来说，宠物俱乐部开设新店只需要很少量的现金投资，因为它的仓库是租来的、商店的装修费用也被压缩到最低、库存周转速度也非常快。如果使用专门为它量身而建的店面，还可以进一步实现成本节约，因为这样做可以避免租赁店面带来的高昂的前期装修支出。相对于开店数量来说，开业所需的其他现金投资微不足道。每家商店所需的设备支出据估计大约为_____美元。根据以往的经验，每家商店开业当年的广告费大约为_____美元（占销售收入的_____%）。广告预算可以用合作生产商提供的资金来补足。此外，宠物俱乐部并不提供消费信贷，因此避免了设立信贷部以及持有应收账款所需的成本。

公司主要根据开设首批商店所需的成本来评估欧洲宠物俱乐部所需的初始投资。对于每一家商店，公司都根据开业库存、设备成本、租赁店面改建以及招聘员工等几个方面制定预算。此外，对于将开设两家或者更多商店的地区，公司还预留了用于广告和其他开业前项目支出——包括聘请律师和会计师的开支——的费用。最后，欧洲宠物俱乐部设立法律和组织部门也会发生一定的费用。所有这些加在一起，欧洲宠物食品公司累计大约需要_____百万美元的投资。

在欧洲开设新店的资金主要来源于三个渠道。第一个资金来源是贸易信贷，这有助于减少公司的净存货投资。一旦公司的首批商店正式推出，预计带来的现金收入可以为未来在该地区开设更多商店提供资金支持。第三个资金来源则是设备融资。鉴于欧洲俱乐部所用的大部分设备都是通用型的，因此可以为公司借贷提供可靠的担保。等到欧洲所有商店都发展成熟之后，公司还可以根据需要向银行借款。但是公司并没有大量向银行借贷的计划。如果有合适机会的话，公司可能还会考虑接受来自欧洲金融领域的私人投资。

风险与不确定性

注意事项 👉

任何商业计划书，特别是旨在从投资者那里筹集资金的商业计划书，都应该对可能影响到公司实现计划书中列明的目标的风险因素作一个说明。这部分内容可以在谈及具体的职能部门（比如，在提到生产环节时，说明可能存在原材料短缺的风险）时进行阐述，也可以在计划书中单设一个章节。在提交正式文件的情况下，对风险因素（有时候，也称其为"某些因素"，以免吓跑投资者）的说明可能会非常长，并使用大量的法律术语。我们这里采用的是平时不太常用的一种做法。具体说来就是通过"问答"形式，呈现阅读计划书的读者脑海中可能会冒出来的问题。这部分内容是从公司的招股说明书中摘抄来的——招股说明书是提供给那些不了解正式的招股流程，因此可能对长篇大论不太感兴趣的小投资者的。

问：经济衰退对宠物俱乐部的商务战略有哪些影响？

答：在经济中，不受季节性因素影响或者没有周期性变化的行业非常少。即便是在经济萧条时期，人们通常也不太会将宠物扫地出门。但是，经济萧条确实会使得消费者寻找便宜货的情况增多。在价格方面处于优势地位的宠物俱乐部确信其业务在经济困难时期反而可能会有所改观。公司的业务情况很可能会和经济周期呈反向变化。

问：如果整个行业停止增长，宠物俱乐部的前景会受到怎样的影响？

答：如果宠物用品行业停止增长，宠物俱乐部的增速自然也会减缓，但是不会完全停止。宠物俱乐部商店的理念根基是，在一个庞大的行业内，通过更高的效率从竞争对手手中夺取市场份额。公司认为不管行业的整体增长速度如何，公司具有创新性的可靠业务模式将使得公司得以在未来若干年内不断抢占市场份额。公司还相信，在未来十年内，该行业在欧洲的增长速度将继续超过在北美的增长速度，这意味着这一期间欧洲宠物俱乐部业务的扩张将会降低公司所在的传统市场中行业增速减缓所带来的影响。

问：宠物俱乐部将如何说服生产商继续将产品直接卖给自己？

答：宠物俱乐部的高级管理层中有几位和一些重要的供货商长期以来一直保持联系，他们之间已经有过成功合作的经历，并且建立了必要的信任关系——这确保了公司和生产商之间可以以优惠条件达成交易。另外，宠物俱乐部为了给众多商店提供存货，往往需要大批量采购，因此，即便是对于最大的供应商来说，宠物俱乐部也是一个非常重要的客户。欧洲宠物俱乐部的推出应该进一步提升公司在全球供应商心中的地位，因为这些供应商将会发现，有更多的机会可以通过其海外子公司将产品卖给宠物俱乐部。

问：宠物俱乐部如何说服那些在超市购物的人们去它的商店里购物？

答：宠物俱乐部所秉持的理念是，为顾客提供能给其带来最大价值的产品，包括以极具竞争性的价格提供品种丰富的产品。另外，其商店的选址也使得顾客可以很方便地停下来逛逛。与超市不同的是，公司的广告预算专门用于与宠物有关的产品。宠物俱乐部需要_____％的市场份额来实现其预期目标。因此，只需要_____名顾客中有一名顾客喜欢公司的产品胜过超市的产品就足够了。

问：宠物俱乐部如何看待超市压低杂牌宠物食品价格的做法所带来的威胁？

答：超市没有理由持续这样做。如果宠物俱乐部每卖出 1 罐食品，它们就低价卖出 8 罐，那么这 8 罐带来的亏损显然要远远高于我们因为卖这 1 罐而蒙受的损失。

问：宠物俱乐部的业务模式会不会被资金实力更雄厚、规模更大的竞争对手所效仿？

答：这确实是一个严重挑战。管理层只能寄希望于该对手在宠物俱乐部势力范围之外的市场上去提升自己在创业阶段的业绩。通常来说，宠物俱乐部总是希望以一个高大的形象出现在消费者的面前，并且通过在新市场中集中设店的战略来增强其在该地区的实力。另外，首先让市场达到饱和的做法也有助于公司维持其在一个地区的统治地位。通过维持极具竞争力的低价结构，可以防止竞争者以更低的价格进入市场。行业中的很多商家（在宠物用品供应方面有优势的潜在竞争对手）在当前市场上有大量的投资，这使得原本可以减少这种竞争机会的静态市场活跃了起来。

第 19 章

保密协议样本

有时，你所知道的正是你要忘记的。

——罗马谚语

很多时候，公司可能希望或者需要向某个潜在业务伙伴公开其业务活动方面的秘密信息。但是，企业却并不希望因为一份详尽的保密协议条款而在谈判中陷入困境。在这种情况下，公司应该向接受方提供一份简略的保密协议，其中应该包括保护公司权利所必要的所有基本问题。比如，保密协议可以包括以下条款：保密信息的界定；接受方对信息保密，并且在要求的情况下，将保密信息退回给公司的义务等。如果有迹象表明在首次公开后，将会有大量保密信息被公开，那么可能就需要签署一份详尽的协议，但是新协议应该包含简略协议所公开的信息。

建议 ☞

撰写计划书的人应该牢记我们以前的告诫：有些读者可能不愿意签署此类文件，并且在跨国商业活动中还存在能否依法实施保密协议的问题。

注意事项 ☞

应该注意在跨国商业活动中，保密协议可能无效或者起不到大大的作用。

另外，有关法律法规可能只针对一国的某个行政部门，而不是整个国家本身。

比如，本章给出的协议样本的第 11 条是指一个州的"适用法律"。所以，你需要对协议进行修改，以便将一个国家、州、省的有关法律行政部门包括进去。

保密协议

本协议由_____（公司名称），一家设在_____（公司所在州或者国家）的公司（以下简称"公司"）和文末签署人（以下简称"接受方"）达成。

事实陈述

公司的业务为_____（业务类型），接受方的业务为_____（业务类型）。公司和接受方希望就_____（谈判目的）达成保密协议。为双方共同之目标，公司和接受方认识到，需要由公司将其某些仅用于业务目的的保密信息向接受方公开，接受方需要对公司的机密信息进行保护，以避免未经授权就使用和公开本协议下的机密信息。

鉴于双方在本协议下的约定和各项条款，以及和接受方公司的关系，双方达成以下协议：

1. 保密信息的界定。

保密信息指与_____（产品类型）或其他产品、专有性或保密性的商业事务有关的口头信息或书面信息，包括但不限于以图表形式表达的信息：（A）与研发活动有关的信息；（B）制造和加工技巧或者技术诀窍；（C）软件、计算机程序及相关设计元素（比如，包括编程技术、运算法则、推理法则和对基础知识的解释）；（D）方案、图纸以及公式；（E）成本、利润和市场信息；（F）和公司有关并且公司未向公众公开的财务信息和其他业务信息；（G）顾客业务信息，包括订购的公司产品、价格以及交货时间；（H）由第三方向公司公开的，且公司同意或者有义务将其视为保密信息或专有信息的信息。

2. 例外条款。

对于本协议下可以确定的下列任何信息的公开和/或使用，接受方没有义务向第三方承担保密义务：

（A）在接受方不违反本协议的情况下，已经普遍为公众所知或者已经提供给公众的信息。

（B）在接受方从公司接受此类信息之前，接受方已经知道的信息。

（C）在接受方不违反其对公司应该承担的保密义务这一情况下，接受方在公司将此类信息向其公开之后从公司之外的其他渠道知道或者获得的信息。

（D）已经向那些正式受雇于接受方的人员公开的信息。这些人以前曾经书面同意不公开此类信息，或者不将此类信息用于企业目的之外的其他目的。

（E）在不采用或者不参照保密信息的情况下，已经由接受方无权获得保密信息的人员独立开发出来的信息。

（F）在书面声明所提供信息的公开不受限制的情况下，已经提供给接受方的任何信息。

（G）由公司书面授权同意发布或者使用的信息。

3. 接受方的义务。

接受方承认向第三方公开任何保密信息，或者将保密信息用于与计划中的企业并购无关或者不在公司其他业务关系之列的任何目的，将会给公司造成不可挽回的伤害和损失，接受方同意：

（A）对机密信息绝对保密。

（B）不将此类信息透露给任何第三方，但本协议明确授权或者公司以书面形式特别授权者除外。

（C）采取一切合理的措施，按照接受方对属于其自己的且具有相同性质的保密信息进行处理时所采取的方式，防止未经授权就公开保密信息，包括（但是不限于）防止文件被盗、未经授权进行复印或查看文件内容、禁止他人获取此类机密信息等。

（D）不复印或者使用任何口头或者书面材料、图片或者任何由公司提供给接受方的其他文件或信息，包括这些文件或信息的复印件、大纲或者摘要。但是将信息用于与业务目的有关的内部交流除外。

（E）不将保密信息用于业务目的之外的任何其他目的。

4. 可选内容：对接受方义务的详细陈述。

接受方向公司做出如下声明、保证和承诺：

接受方将责无旁贷地对机密信息做到绝对保密，如果事先没有公司总裁或者首席执行官的明文指示，不得将任何保密信息透露给任何人或者任何实体。接受方将采取所有必要措施对机密信息做到绝对保密，并确保接受方、接受方员工或者代理严格遵守本协议的各项条款。

在需要了解的情况下，并且只有在需要了解的情况下，接受方才可以让其授权的管理人员和员工获取直接用于且只用于本协议授权之目的的机密信息，前提是公司在该信息被获取之前向接受方提供这些人员的身份信息，接受方则需要对这些人将要获取的材料拟定并保留一份书面清单，并在获取信息前将这份清单提交给公司。无论如何，任何被允许获取任何保密信息的个人都应该在获取信息之前，以公司或者公司法律顾问可以接受到的形式，签署一份保密协议，并且向公司提交该协议的副本。

尽管有_____（章节编号）部分的规定，但是除了接受方那些已经获得授权的管理者和员工外，以及除了接受方按照_____的规定允许的人员之外，无论如何，接受方都不得由于疏忽或者其他缘故向任何直接或间接参与，或任何打算直接或间接参与公司竞争的人或实体提供任何保密信息。

接受方或者任何由接受方直接或间接向其公开保密信息的人员都不得出于个人目的或者其他目的，对保密信息的全部或部分内容进行复印、使用或者出售，但是接受方在采取这类行动或进行这些操作之前已经获得由公司总裁或首席执行官签署的明文指示的除外。

接受方应该对公司提交给他的任何书面保密信息做一个记录，并在要求的情况下立即将该记录的复印件提交给公司，同时应该提交一份证明书，声明记录清单是准确完整的。记录中应该对收到的保密信息、收到该信息的日期、被获准使用该保密信息的人员的身份、该保密信息复印件的份数（如果有复印件的话）作出说明，同时还应该对每份复印件以及所有因为使用保密信息而产生的注释、汇编或类似文件的去向给出准确说明。

在履行其在本协议下针对保密信息的处理所做的声明、保证、承诺和义务时，接受方的谨慎程度应该与其处理自身专有的绝密信息时的谨慎程度相同，且无论如何都不能低于合理的谨慎程度。但是在弃权的情况下，此种信息将不再具有保密性。

对于任何由于接受方或其主管、员工或者其他代表未经授权使用或公开保密信息，或者因与接受方或其主管、员工或其他代表未经授权使用或公开保密信息有关而引起的任何损失或者责任，接受方同意对公司予以赔偿。

5. 必要的公开。

在有关法律要求公开并且公开程度仅限于有关法律要求的情况下，接受方可以公开保密信息。但是接受方应该通过保护性指令或者保密性处理请求，采取合理的措施来限制信息的公开，并在信息被公开之前让公司有合理的机会对公开情况进行审查或者对这种公开提出反对。

6. 保密信息的退回。

一经请求，接受方需要退回公司提供给他的所有书面材料、图片和其他文件，以及这些材料、图片和文件的所有副本和复印件。

7. 合法权利的保留。

公司保留美国和美国各州的专利法以及其他法律赋予它的所有权利和补救措施，包括（但是不限于）旨在保护专有信息或保密信息的任何法律。

8. 禁止令救济。

接受方承认未经授权就使用或公开保密信息将会给公司造成不可挽回的损失。因此，接受方同意公司有权立即禁止任何违反或将要违反本协议的行为，并且有权就此种违反协议的行为寻求法律上或者衡平法上的所有其他权利和补救措施。

9. 协议期限。

本协议适用于公司提供给接受方的所有保密信息，从协议签署日期开始生效，到该日期后的_____个月终止。本协议的义务自本协议保密信息最后一次公开日后的_____年内有效，之后本协议作废。

10. 整个协议。

本协议对整个协议以及各方之间所达成的谅解作了规定，并且融合了各方先前就保密信息所进行的所有讨论。除本协议明确规定的定义、条件、陈述或弃权之外，或其后由双方书面规定者之外，任何一方都不受其他限制。

11. 适用法律。

本协议将适用_____（州或者国家名称）针对那些完全在_____（州或者国家名称）内达成或履行的合同所采用的法律。

12. 继承与转让。

本协议将对协议各方、各方继承人、管理者、执行者、接任者和受让人有效并且具有约束力。

鉴于此，本协议各方于_____年_____月_____日签署本协议。

公司名称
签名
签名人姓名和职位
接受方名称
签名
签名人姓名和职位

第 20 章

简单财务报表

债权人的记忆力总是比债务人更好。

——詹姆斯·豪厄尔

以下给出了一些财务报表的样本。这些财务报表的格式取决于各地法规的要求和编辑这些报表所使用的软件。计划书的主体部分所涉及的财务报表都应该浓缩为报告的形式，以便读者抓住要点。详细的财务数据可以列在附件中。

A. D. I. 视频技术有限公司

盈亏预测（单位：1 000 美元）

	1 季度	2 季度	3 季度	4 季度	2001 年	1 季度	2 季度	3 季度	4 季度	2002 年	2003 年	2004 年
收入：												
MX4	378	546	714	840	2 478	1 030	1 091	1 235	1 307	4 662	9 504	13 939
MXl6	180	252	288	288	1 008	360	610	1 040	1 800	3 810	7 040	11 616
MCEl2	0	0	300	600	900	840	1 008	1 176	1 176	4 200	4 435	4 684
MPEG—4	0	0	0	0	0	0	0	120	120	240	253	268
ADIvue/ADInet	0	0	0	0	0	0	0	0	0	0	970	11 792
	558	798	1 302	1 728	4 386	2 230	2 709	3 571	4 403	12 912	22 203	42 298
折 扣	140	200	326	432	1 097	557	677	893	1 101	3 228	5 308	7 627
总收入	419	599	977	1 296	3 290	1 672	2 032	2 678	3 302	9 684	16 894	34 672
销售成本												
BOM 成本	171	245	373	478	1 267	576	674	863	1 059	3171	6 605	17 204
一次性 dev. 适应	0	0	0	0	0	15	5	15	0	35	0	0

国际商业计划书（第三版）

续前表

	1季度	2季度	3季度	4季度	2001年	1季度	2季度	3季度	4季度	2002年	2003年	2004年
	<u>62</u>	<u>81</u>	<u>81</u>	<u>81</u>	<u>306</u>	<u>81</u>	<u>81</u>	<u>110</u>	<u>110</u>	<u>383</u>	<u>507</u>	<u>637</u>
营业及物流—工资	<u>233</u>	<u>327</u>	<u>454</u>	<u>559</u>	<u>1 573</u>	<u>672</u>	<u>760</u>	<u>989</u>	<u>1 169</u>	<u>3 589</u>	<u>7 111</u>	<u>17 841</u>
毛利	185	272	523	737	1 717	1 000	1 272	1 690	2 133	6 095	9 783	16 831
	33%	34%	40%	43%	39%	45%	47%	47%	48%	47%	44%	40%
研发												
工资	302	430	443	443	1 619	443	443	443	443	1 773	2 011	2 499
折旧	5	21	32	32	89	39	47	49	49	183	284	315
其他	20	20	30	30	100	40	40	50	50	180	200	230
	327	471	505	505	1 808	522	531	542	542	2 137	2 495	3 045
营销	312	282	466	429	1 490	580	456	553	489	2 078	2 647	3 525
一般费用及管理费用	128	129	132	138	527	156	161	171	176	663	768	876
营业利润（亏损）	(581)	(611)	(581)	(335)	(2 108)	(258)	124	424	927	1 217	3 874	9 385
	−104%	−77%	−45%	−19%	−48%	−12%	5%	12%	21%	9%	17%	22%
税前收益	(581)	(611)	(581)	(335)	(2 108)	(258)	124	424	927	1 217	3 874	9 385
所得税	0	0	0	0	0	0	0	0	0	0	1 074	3 379
净利润（亏损）	(581)	(611)	(581)	(335)	(2 108)	(258)	124	424	927	1 217	2 800	6 006
	−104%	−77%	−45%	−19%	−48%	−12%	5%	12%	21%	9%	13%	14%
累计净利润	(581)	(1 192)	(1 772)	(2 108)	(2 108)	(2 366)	(2 242)	(1 817)	(890)	(890)	1 909	7 916

A. D. I. 视频技术有限公司
销量预测（单位：1 000 美元）

	1季度	2季度	3季度	4季度	2001年	1季度	2季度	3季度	4季度	2002年	2003年	2004年	2005年
MX4													
销售数量	90	130	170	200	590	286	303	343	363	1 295	3 000	5 000	10 000
单价	<u>4.2</u>	<u>4.2</u>	<u>4.2</u>	<u>4.2</u>	<u>4.2</u>	<u>3.6</u>	<u>3.6</u>	<u>3.6</u>	<u>3.6</u>	<u>3.6</u>	<u>3.2</u>	<u>2.8</u>	<u>2.5</u>
MX4收入	378	546	714	840	2 478	1 030	1 091	1 235	1 307	4 662	9 504	13 939	24 533
	68%	68%	55%	49%	56%	46%	40%	35%	30%	36%	43%	33%	23%
MX16													
销售数量	15	21	24	24	84	36	61	104	180	381	800	1 500	3 000
单价	<u>12.0</u>	<u>12.0</u>	<u>12.0</u>	<u>12.0</u>	<u>12.0</u>	<u>10.0</u>	<u>10.0</u>	<u>10.0</u>	<u>10.0</u>	<u>10.0</u>	<u>8.8</u>	<u>7.7</u>	<u>6.8</u>
MX16收入	180	252	288	288	1 008	360	610	1 040	1 800	3 810	7 040	11 616	20 444
	32%	32%	22%	17%	23%	16%	23%	29%	41%	30%	32%	27%	19%

续前表

	1季度	2季度	3季度	4季度	2001年	1季度	2季度	3季度	4季度	2002年	2003年	2004年	2005年
MCE12													
销售数量		10	20	30	30	36	42	42		150	180	216	259
单价		30.0	30.0	30.0	28.0	28.0	28.0	28.0		28.0	24.6	21.7	19.1
MCE12收入		300	600	900	840	1 008	1 176	1 176		4 200	4 435	4 684	4 946
		23%	35%	21%	38%	37%	33%	27%		33%	20%	11%	5%
MPEG-4													
销售数量							5	5		10	12	14	17
单价							24.0	24.0		24.0	21.1	18.6	16.4
MPEG-4收入							120	120		240	253	268	283
							3%	3%		2%	1%	1%	0%
HEC													
ADIvue 销售数量										1 500	20 000	120 000	
单价										0.46	0.40	0.36	
										690	8 096	42 747	
ADInet 销售数量										2 000	30 000	120 000	
单价										0.14	0.12	0.11	
										280	3 696	13 010	
HEC 收入										970	11 792	55 757	
										4%	28%	53%	
折扣前总收入	558	798	1 302	1 728	4 386	2 230	2 709	3 571	4 403	12 912	22 203	42 298	105 962
折扣(25%)*	140	200	326	432	1097	557	677	893	1 101	3 228	5 308	7 627	12 551
总收入	419	599	977	1 296	3 290	1 672	2 032	2 678	3 302	9 684	16 894	34 672	93 411

* 不包括 HEC 折扣。

A. D. I. 视频技术有限公司
营销预算（单位：1 000 美元）

	1季度	2季度	3季度	4季度	2001年	1季度	2季度	3季度	4季度	2002年	2003年	2004年	2005年
工资—以色列	67	92	108	108	375	117	117	132	132	498	639	753	938
佣金（HEC销售额的3%）	0	0	0	0	0	0	0	0	0	0	29	354	1673
展览	120		60		180	120		60		180	200	220	240
广告	5	5	10	5	25	10	10	10	10	40	60	70	80
网站	4		4		8	4		4		8	10	15	20
国外出差	30	30	30	30	120	30	30	30	30	120	130	140	150

续前表

	1季度	2季度	3季度	4季度	2001年	1季度	2季度	3季度	4季度	2002年	2003年	2004年	2005年
美国补贴	76	145	244	276	742	285	285	302	302	1 172	1 509	1 893	2 329
其他	10	10	10	10	40	15	15	15	15	60	70	80	100
总营销费用	312	282	466	429	1 490	580	456	553	489	2 078	2 647	3 525	5 529

A.D.I. 视频技术有限公司
美国补贴费用（单位：1 000 美元）

	1季度	2季度	3季度	4季度	2001年	1季度	2季度	3季度	4季度	2002年	2003年	2004年	2005年
工资	41	82	128	16l	410	170	170	170	170	678	759	943	1 089
租金及税收	3	12	24	30	69	30	30	30	30	120	140	160	180
办公室维护	1	2	3	4	10	5	5	5	5	20	50	70	100
广告	22	22	53	33	130	30	30	40	40	140	200	250	350
	1	3	7	8	19	8	8	10	10	36	80	100	130
通讯费		1	1	1	3	1	1	1	1	4	30	40	50
交通费	3	6	6	6	21	6	6	6	6	24	30	40	50
法律费用	5	12	12	21	50	20	20	25	25	90	120	150	200
其他		5	11	13	29	15	15	15	15	60	100	140	180
	76	145	244	276	742	285	285	302	302	1 172	1 509	1 893	2 329

A.D.I. 视频技术有限公司
现金流量预测（单位：1 000 美元）

	1季度	2季度	3季度	4季度	2001年	1季度	2季度	3季度	4季度	2002年	2003年	2004年	2005年
纯利	(581)	(611)	(581)	(335)	(2 108)	(258)	124	424	927	1 217	2 800	6 006	17 960
运营资本变化	(80)	(92)	(293)	(278)	(743)	(170)	(304)	(499)	(454)	(1 427)	(619)	(2 930)	(9 486)
折旧	10	28	39	40	116	53	61	62	62	237	362	421	533
营业活动的总现金流量	(651)	(675)	(835)	(574)	(2 735)	(376)	(120)	(12)	535	27	2 543	3 497	9 007
固定资产投资	(165)	(221)	(135)	(19)	(539)	(200)	(98)	(16)	0	(314)	(390)	(500)	(700)
现金（需求）	(816)	(896)	(970)	(592)	(3 274)	(576)	(218)	(28)	535	(287)	2153	2 997	8 307
现金(需求)盈余	(816)	(1 711)	(2 682)	(3 274)	(3 274)	(3 850)	(4 067)	(4 095)	(3 560)	(3 560)	(1 408)	1 590	9 897

第 21 章

封面和声明示例

金玉其表的山羊依旧还是只山羊。

——凯尔特谚语

应在计划书封里的显要位置，或者如果得当的话，在计划书的正文附上一个或更多的声明或免责声明——具体情况根据商业计划书预计使用目的而定。比如，预测性财务报表应该附上实现预期目标的假设条件和免责条款。以下声明以遵守美国证券法为基础。但是撰写商业计划书的人员可能希望同一规定可以适用于其他国家。除了要遵守证券法外，不管计划书预计的用途是什么，声明还应该包括对计划书所有信息进行保密的部分。应该要求接受方签署某种形式的保密协议，类似于本书第 19 章提到的那样。

商业计划书封面示例

机密专有

份数：_____

接受方：_____

公司名称

公司地址

日期

本商业计划书内的信息属于商业机密，只能由以上列明并由_____公司授权的人员使用。事先未经公司书面同意，不得全文或部分复制本计划书或泄露其中的任何内容。适用于本计划书的其他限制性规定请参见计划书内文。

声明示例

下面给出了商业计划书封里有关证券方面的声明的一个示例。

除本商业计划书中列明的人之外，任何人都无权就本计划书所述交易提供任何信息或者任何说明；如果有人这样做，那么不能视作他已经得到我公司的授权。

除本计划书列明的证券以外，本商业计划书不能作为公司销售或寻求购买任何其他证券的一项要约，也不能作为公司将在那些把此种要约视为非法的州或其他辖区出售，或向这些州或管辖区的人购买证券的要约。本计划书中提及的证券未在联邦证券委员会登记，因为根据1933年《证券法》（修订本）中的登记要求，这些证券可以免除登记。

递交本计划书或者出售本计划书中涉及的证券的行为，无论任何时候、任何情况下都不意味着本计划书的有关信息在计划到期后是准确的。要约和销售只针对那些具有相关知识和经验、有能力对投资的收益和风险进行评估的人，以及那些有经济能力购买本计划书中的非流动性证券的人。

公司认为，本计划书列明的信息是可靠的。但是应该认识到，公司就未来业绩所做的预测必然有很高的不确定性，本计划书没有以明示或暗示的方式对此种预测做任何担保。

参考文献

Resource Directory for Small Business Management，Small Business Administration

Business Plans For Dummies，Paul Tiffany, Steven D. Peterson（1997）

Business Plans Handbook，Kristin Kahrs, Angela Shupe（Editor）（1997）

Business Plans to Game Plans：A Practical System for Turning Strategies into Action，Jan B. King（2000）

Model Business Plans for Product Businesses，William A. Cohen（1995）

Model Business Plans for Service Businesses，William A.，Cohen（1995）

On Target：The Book on Marketing Plans，Tim Berry, Doug Wilson（2000）

The Prentice Hall Encyclopedia of Model Business Plans，Wilbur Cross, Alice M. Richey（1998）

Writing Business Plans That Get Results：A Step-By-Step Guide，Michael O'Donnell（1991）

国际商业计划书（第三版）

图书在版编目（CIP）数据

国际商业计划书：第 3 版/布朗，格特曼著；王琼等译 . —北京：中国人民大学出版社，2012.6

（国际贸易经典译丛·简明系列）

ISBN 978-7-300-15938-6

Ⅰ.①国…　Ⅱ.①布…　②格…③王…　Ⅲ.①国际商务　Ⅳ.①F74

中国版本图书馆 CIP 数据核字（2012）第 120101 号

国际贸易经典译丛·简明系列

国际商业计划书（第三版）

罗伯特·L·布朗　艾伦·S·格特曼　著

王　琼　等译

Guoji Shangye Jihuashu

出版发行	中国人民大学出版社		
社　　址	北京中关村大街 31 号	**邮政编码**	100080
电　　话	010－62511242（总编室）	010－62511398（质管部）	
	010－82501766（邮购部）	010－62514148（门市部）	
	010－62515195（发行公司）	010－62515275（盗版举报）	
网　　址	http://www.crup.com.cn		
	http://www.ttrnet.com（人大教研网）		
经　　销	新华书店		
印　　刷	北京鑫丰华彩印有限公司		
规　　格	185 mm×260 mm　16 开本	**版　　次**	2012 年 9 月第 1 版
印　　张	13.75　插页 1	**印　　次**	2012 年 9 月第 1 次印刷
字　　数	253 000	**定　　价**	29.00 元